JN099425

発達障害お悩み解決ブック❶

家庭と保育園・幼稚園で知っておきたい

ASD
自閉スペクトラム症

内山 登紀夫［監修］

ミネルヴァ書房

はじめに

●

「〇〇博士」といわれるくらいものしりだけど、興味や遊びが独特すぎる。
昆虫や化石を眺めているのが好きで、おともだちには関心を示さない。
不安になりやすくて、初めてのことが極端(きょくたん)に苦手――などなど。
ちょっと変わってるな、他の子とちがうな、という不思議な子どもたち。
その行動の背景にはASD（自閉スペクトラム症）が隠れているかもしれません。

ASDの子どもたちは、生まれつきの脳の特性により、独特の感じ方・とらえ方で世界をみています。ほかの子と同じようには成長しないので、周りの大人が「あれ？」ととまどうことも多いかもしれません。

特に幼児の頃は、生活がしづらくなるほどこだわりが強く、ちょっとしたことでパニックを起こすなど、家族を困らせたり、集団生活が難しかったりする子もいます。
もしかしたら、「育て方が悪いのかな？」「関わり方がいけないのかな？」と、大人のほうが自信をなくしてしまうこともあるかもしれません。

けれども、ASDの子どもたちのユニークな感じ方・とらえ方を知り、その世界やペースを大切にしながら関わっていけば、唯一無二の個性は、その子なりのペースで伸びていくはず。

まずは、ASDの子どもたちはどんなことが苦手で、本人は何に困っていて、どうしてほしいと思っているのか。そして、周りの大人はどんなふうに関わればいいのか。興味をもつこと・知ることから始めませんか？

ASDの子が、家庭や園でハッピーに過ごせるように、
一緒に考えてみましょう。

発達障害お悩み解決ブック①
家庭と保育園・幼稚園で知っておきたい
ASD 自閉スペクトラム症

もくじ

第1章 こんなときどうする？ おうち編

おうちでのエピソード

第2章 こんなときどうする？ 保育園・幼稚園編

園でのエピソード

第3章 楽しい学校生活を送るために 知っておきたいASDのこと

第1章 こんなときどうする？ ●おうち編
第2章 こんなときどうする？ ●保育園・幼稚園編

ASDの子どもには、どんな行動がみられるのでしょうか？
８人の個性的な子どもたちのユニークなエピソードを参考に、
発達凸凹（でこぼこ）の特性と、うまくつきあう方法を紹介します。

最初のページ

第１章は家庭で、第２章は保育園や幼稚園で、よくあるエピソードを紹介しながら、発達凸凹の特性について、わかりやすく解説します。

次のページ

本人の特性を整理し、どんなふうに対応すれば悩み事が解決できるのか、専門家と一緒に考えます。

本人はどう感じているのか心の声を伝え、特性を整理します。

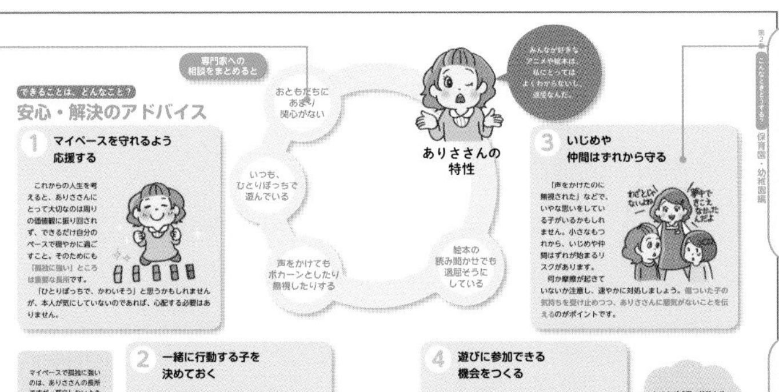

どうすればうまくいくのか、特性に応じたサポートの方法を紹介しています。

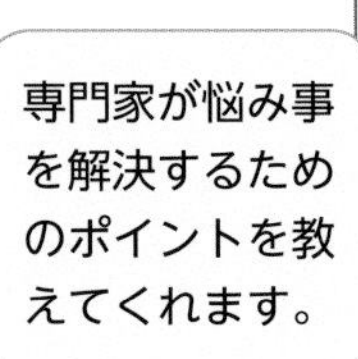

専門家が悩み事を解決するためのポイントを教えてくれます。

第１章では園の先生、第２章では保護者に感想を聞きました。

第3章 楽しい学校生活を送るために知っておきたいASDのこと

この章ではASDの特性とその対応について、
専門家と保護者、園の先生の対話を交えながら、
さらに詳しく解説します。

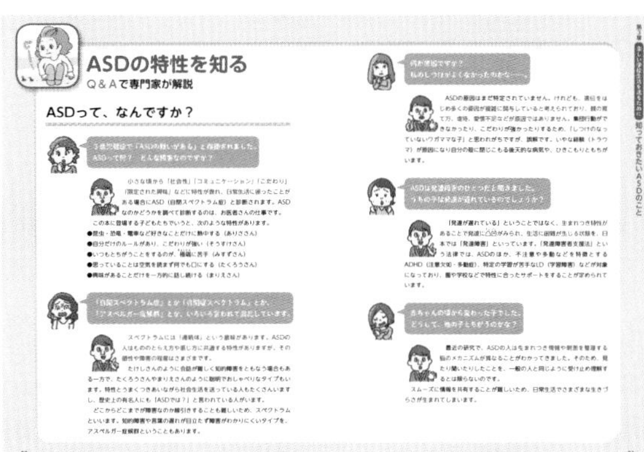
ASDの特性を知る
Q&Aで専門家が解説
ASDって、なんですか？

『ASDの特性を知る』では、ASDとはなんなのか、どんな特性がみられるのか、専門家がQ&Aで答えます。

家庭でできること
保護者に向けた5つのヒント
1 安全で穏やかな環境をつくろう
3 こだわりは、楽しく生かしていこう
4 みんなと同じを求めず、本人のペースを大切にしよう

保育園・幼稚園でできること
園の先生に向けた5つのヒント
1 園でも、ASDの子が安心できる環境を整えよう
2 指示はシンプルにわかりやすく、予定は明確に伝えよう
3 孤立を防ぎ、いじめから守ろう
4 ポジティブな情報を伝え、保護者と協力体制をつくろう
5 困ったら、専門家の力を借りよう

『家庭でできること』と『保育園・幼稚園でできること』では、それぞれ家庭と園で可能なサポートのポイントを、5つずつまとめています。

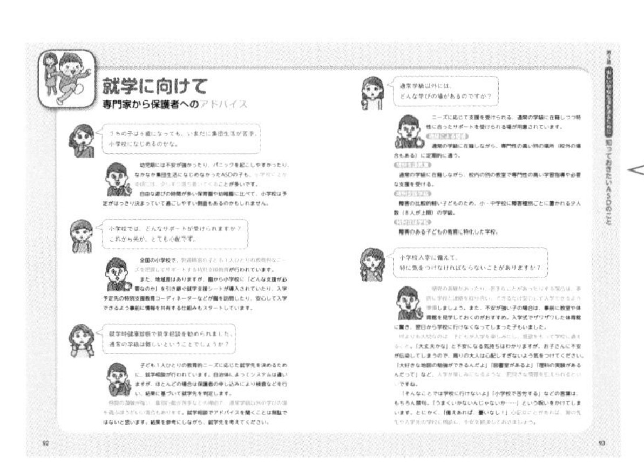
就学に向けて
専門家から保護者へのアドバイス

『就学に向けて』では、小学校入学に向けて保護者が気になっていること、知っておきたいことについて、専門家がQ&Aで答えます。

この本に出てくる子どもたちの紹介

エピソード 1

ありささん ●5歳

おともだちと遊ぶより、図鑑を眺めているのが好きで、愛読書は『昆虫図鑑』。人に関心を示さず、いつもひとりで遊んでいるので、お母さんは心配している。

エピソード 2

そうすけさん ●5歳

「電車博士」と呼ばれるほど博識で、コレクター。だけど、ガンコで融通が利かない。おもちゃの置き場所・使うもの・道順など、たくさんのマイルールがある。

エピソード 3

みすずさん ●4歳

優しい性格だけど、とてもシャイで、はずかしがりや。初めての場所に行くことや、いつもとちがうことをするのが苦手で、園に行くのもいやがることがある。

エピソード 4

たくろうさん ●5歳

おしゃべりで、人なつっこい愛されキャラ。天真爛漫(てんしんらんまん)で、ものおじしないのは長所だけど、空気を読むのは苦手。一言多くて、余計なことを言ってしまう。

エピソード 5

まりえさん ● 6歳

お絵描きが得意で、何時間でも空想の世界に入っていられるタイプ。だけど、好き嫌いがはっきりしていてマイペースなので、集団生活では浮いてしまうことがある。

エピソード 6

しょうさん ● 5歳

戦隊モノが大好きで、ヒーローになるのが夢。負けず嫌いなところがありキレやすいので、おともだちとのトラブルが多く、あとになって反省している。

エピソード 7

いずみさん ● 4歳

デリケートで繊細なタイプ。小さな頃から偏食が多く、食べられるものが少ない。不安なことがあると眠れなくなることもあり、体調を崩しやすい。

エピソード 8

たけしさん ● 4歳

おしゃべりは苦手で、言葉でのコミュニケーションが難しい。嫌いな音を聞いたり、興奮したりすると、激しいパニックを起こすことがある。

第1章

こんなとき どうする？

おうち編

こだわりが強い、癇癪(かんしゃく)を起こしやすい、
おともだちに興味を示さない、
遊びが独特……、などなど。

他の子と、ちょっとちがう不思議な行動の背景には、
ASDの特性があるのかもしれません。

おうちの中で起きる、
ASDの子どもによくあるケースから、
子育てがラクになるヒントを考えてみましょう。

ひとり遊びが好きで、興味・関心が独特すぎる

ありささんは、他の子とどこかが違う。赤ちゃんの頃から、ぬいぐるみや人形には関心を示さず、5歳になった今も、おままごとやごっこ遊びをやりません。いつも、ブロックや積み木を一列に並べて遊んでいるので、お母さんが「お家をつくろうよ」と並べるのをやめさせようとすると泣き叫び、癇癪（かんしゃく）を起こしてしまいます。

公園に行っても、他の子と遊ぼうとはせず、ひとりで黙々と滑り台を滑り続けたり、じーっと虫を観察したり。今日はアリの観察に夢中。公園でよく会う女の子が「一緒に遊ぼうよ」と声をかけてくれたのですが、返事もせずにアリを見続けています。エサを運んでいるアリを見つけて「うわー。どこに行くんだろう。おもしろいなー」と追いかけ始めてしまいました。

ありさは、ひとりで遊ぶのが好きなのかな。公園に連れていっても、おともだちには関心を示さないし、一緒に遊ぼうとしない。そういえば赤ちゃんの頃から、私が話しかけても反応が薄かったなあ……。

どうして、こうなる？ 専門家に相談

他の人への関心が薄いタイプ

ありささんは、
個性的な
お子さんのようですね。

好みが独特で、絵本よりも図鑑が好き。積み木やブロックも何かを創るのではなく、とにかく並べる……。私が遊び方を教えようとしたり、話しかけたりすると、癇癪(かんしゃく)を起こすこともあります。

自分の世界をもっているんですね。
知的好奇心があり、集中して取り組むのが得意なんでしょう。
ありささんの長所だと思います。

だけど、一緒に遊ぶことができません……。
公園に行っても、同じくらいの子に
まったく興味を示さないんです。

もしかしたら、ASD（自閉スペクトラム症）の傾向があるかもしれませんね。ASDの子の中には、**他の人への関心が薄く、ごっこ遊びなど他人とのやりとりが必要な遊びが苦手なタイプ**がいます。

コミュニケーションは一応とれるし、言葉も普通に話せるんだけど、話し方も変わっていて、ちょっと他の子と違うかも。話しかけても無視したり、人の話を聞いてないように思えるときがあります。

話しかけられても反応しなかったり、視線を合わせなかったり……。**無表情で抑揚(よくよう)のない話し方をすることなども、ASDの特性**です。

いつもひとりで遊んでいるのを見ていると、
なんだか、かわいそうで……。
このままだと、おともだちができないんじゃないかと心配です。

専門家への
相談を
まとめると

おもちゃを
並べたり、
図鑑を読む
のが好き

自分の好きなものは
何時間でも
見ていられるよ。
私は、ひとりで
遊ぶほうが楽しいの。

人形遊びや、
ごっこ遊びには
興味がない

ありささんの
特性

同年代の子に
関心を
示さない

話しかけても
無視する
ことがある

ありささんがいずれ自分から、「おともだちと遊びたい」「人と関わりたい」と思うようになるまで、ゆっくりコミュニケーションへの意欲をはぐくんでいきましょう。

できることは、どんなこと？

安心・解決のアドバイス

1 遊びをやめさせたり、中断したりしない

ありささんは絵本よりも図鑑が好きで、ブロックで家や車をつくるより、ただ規則的に並べるのが楽しいようです。ASDの子は**物語（ストーリー）よりも、規則性があるものやカテゴライズされたものを好む**傾向があります。

本人にとっては楽しい遊びなので、無理にやめさせたり、中断させる必要はありません。

2 本人の興味・関心を大切にする

例えば図鑑や昆虫に興味があるなら、いずれ生物の勉強につながるかもしれません。独特の興味・関心は「変わっている」「女の子なのに」などとネガティブに考えず、良い方向に伸ばせるよう応援しましょう。

「何を見ているの？」「どこがおもしろいと思ったの？」などと聞きながら、一緒に楽しめるようになるとGOODです。

3 無理におともだちをつくらなくてもOK

「おともだちがいないと、かわいそう」「おともだちをつくらなければいけない」という強迫観念にとらわれることはありません。気が合わない人と無理に遊んでも、ストレスの原因になるだけ。**マイペースでひとりで過ごせることは、大きな長所**です。たとえ、園や学校でおともだちができなくても、集団生活を平穏に過ごすことができていればOKだと思いましょう。

4 コミュニケーション能力は、ゆっくり育てる

「話を聞いてもらえてうれしかった」「一緒に活動して楽しかった」という経験の積み重ねが、「もっと人と関わりたい」という意欲を生み、自然とコミュニケーション能力をはぐくんでいきます。

そのためには、家でも意識して、**ありささんの話を聞いたり、ありささんのペースに合わせて共同で作業する機会をつくって**いきましょう。

個性的でチャーミングなありささんですが、ひとりで遊んでいることが多いから、気になっていました。ありささんのペースを大切にしながら、おともだちと関わる機会もつくっていきますね。

園でのありささん 46ページ ➡

生活に困るほど、こだわりが強い

そうすけさんは、物心ついたときからコレクターで、電車のプラモデルを集めるのが大好き。ただ、異様にこだわりが強いようです。プラモデルを置く場所や順番が決まっていて少しでも位置が変わると、烈火のごとく泣き叫びます。興奮すると床を転げまわったり、物を投げたり、お母さんが「やめなさい！」と叱(しか)っても耳に入らないようです。食事のときに使うコップ、服を着る順番、寝る前の儀式など小さなルールがあり、変更すると激しい癇癪(かんしゃく)を起こします。でも落ち着くと、人が変わったようにケロッとしています。

車で祖父母の家に遊びに行ったとき。道が混んでいたので抜け道を通ると、「いつもとちがう！」と大騒ぎ。「おろせ！」と泣きわめき続けるので、「いいかげんにしろ！」とお父さんを怒らせてしまいました。

とにかく、こだわりが強くて、ちょっとしたことで、激しいパニックを起こしてしまうの。何が引き金になるのかわからないので、毎日ヒヤヒヤしています。

どうして、こうなる? 専門家に相談

「いつもと同じ」じゃなければ不安になる

そうすけさんの
こだわりが強くて、
困っておられるようですね。

3歳のときにASDとわかりました。
こだわりが強いのは特性なのでしかたないと思っているのですが、
ちょっとしたことで激しい癇癪(かんしゃく)を起こすので困っています。

それは**ASDの「パニック」**
といわれるものですね。
どんなときに、パニックを起こすのですか。

集めている電車のプラモデルが
いつもとちがう場所に置いてあったり、
自分で決めた順番がちがったりすると、パニックになります。

ASDの子の場合、変化に弱く、
自分のルールやパターンに固執する傾向があります。
「いつもと同じ」じゃなければ不安になるのです。

できるだけ同じ場所に置いたり、本人のパターン通りに行動したり、
気をつけているつもりなのですが……。
それでも、完全に変化がない生活なんて、送ることができません!

経験が少ない幼児期は、特に少しの変化でも、先の見通しが立たなくなり、
不安になりやすいのですが、**発達するにつれて状況を理解できるようになってくると、少しずつ不安もとれてくることが多い**です。

家の中だけならパニックを起こされても我慢できますが、
外出時や他の人と一緒のときは、
さすがに人の視線が気になります……。

専門家への
相談を
まとめると

プラモデルを
置く場所や
順番など、
こだわりが強い

自分のルールが
破られると、
イラッときたり、
不安になったりして、
大暴れしちゃうんだ。

生活の中で
本人が決めた
小さなルールが
たくさんある

そうすけさんの
特性

ルールや
パターンが
崩されると
パニックになる

パニックを
起こしたあとは、
ケロッと
している

こだわりが強いタイプのASDの子の場合、少しの変化でも不安になりパニックを起こすことがあります。成長するにつれて落ち着いてくることが多いので、穏やかに接していきましょう。

できることは、どんなこと？

安心・解決のアドバイス

1 パニック時は、穏やかに見守る

幼児期のパニックは激しく、周りをハラハラさせますが、成長とともに落ち着いていきます。パニック時に「やめなさい！」と叱ったり、「人に迷惑でしょう」などと諭したりしても効果はありません。

できるだけ**安全で落ち着ける場所に移動し**、「**いやだったんだね**」「**不安になっちゃったね**」などと声をかけ、興奮が収まるまで穏やかに見守りましょう。

2 本人に対して丁寧に確認することが大事

言葉が理解できる子の場合は、事前に予告することが大事。例えば、いつもとちがうコップを使うときは、**「洗い物が終わっていないから、ちがうコップを使うね」と事情を説明**して、納得を得るようにします。

こうした説明では、その子が理解できる範囲の言葉を使います。**言葉の理解力が乏しい、うまく通じない場合は、視覚的スケジュールの使用**などを考えます。

3 予定の変更があるときも、前もって予告しておく

予定を変更する可能性がある場合も、できるだけ事前に**「今日は車でおばあちゃんの家に行くよ。もし渋滞していたら、いつもとちがう道を通るよ」**などと予告しておきます。

そのうえで、**「混んでいたので、今から抜け道を通るね」**と伝えれば、パニックを起こさなくてもすむ可能性が高くなります。

4 余裕があるときに、変更する練習をする

社会生活の中では、予定通りに行かないことに、たくさん遭遇します。気持ちに余裕があるときに、いつもとちがう方法を使ってみたり、順番を変えてみたり、変更する練習をしておきましょう。

「いつもとちがったけど大丈夫だった」という経験を積むことで、少しずつ変化に順応できるようになっていきます。

普段は穏やかなそうすけさん。パニックになるのは、不安になったときなんですね。不安にならないように、園でも、できるだけ丁寧に情報を伝えるように心がけていきますね。

園でのそうすけさん 50ページ ➡

毎日のように、園に行きたがらない

入園して半年がたつみすずさんですが、いまだに園に行くのをいやがります。先生から「慣れるまでには時間がかかる」と聞いていたので、お母さんも「そんなものかなぁ」と思っていました。でも、最初は朝のお見送りで泣いていた他のおともだちは、すっかり慣れて楽しそうに登園しているのに、みすずさんはずっとつらそう。毎朝のように起きるのをいやがり「行きたくない」と言うのですが、理由を答えてくれません。

だからといって、おともだちがいないわけでも、園が嫌いなわけでもないようです。登園できた日にお迎えに行くと、いつも楽しそうに遊んでいて、「今日は絵本を読んでもらった」「鬼ごっこをした」などとニコニコ報告してくれます。なのに、朝になると憂鬱（ゆううつ）な表情で「行きたくない」が始まってしまいます。

園に行ってしまえば、おともだちや先生と楽しく遊んでいる様子なんだけど、毎朝のように「行きたくない」って言い出すの。週に２～３日しか登園できていないんだけど、このままでいいのかな。

どうして、こうなる？ 専門家に相談

集団生活は思った以上にストレス

みすずさんは、
どんな性格の
お子さんなんですか？

どちらかというとおとなしくて、温和な性格です。言葉が出てくるのが遅く、３歳のときにASD傾向と言われました。特に、こだわりが強いとかパニックを起こすとかはないのですが……。

園に行くのを
しぶるので、
困っておられるのですね。

毎朝、起こすところから大変なんです。寝起きが悪く、なかなか起きてくれません。そして、毎日のように「行きたくない」と言い始めるのですが、理由を聞いても答えてくれないのです。

そもそも、朝が苦手なタイプなのかもしれませんね。
ASDの子の中には、**疲れやすく、**
朝が極端（きょくたん）に苦手な子がいます。

確かに、疲れやすいほうかもしれません。
園から帰ると、結構グッタリしていることがあります。
お休みの日は寝てばかりいるし。

見通しが立たないことや変化が苦手なASDの子にとって、集団生活は周りが考える以上にストレスがかかります。たとえ楽しいことがあったとしても、負担が大きいのかもしれませんね。

一見、こだわりも強くないし、
順応性がある子だと思っていたけれど、
やっぱり集団生活にはなじめないのかな……。

専門家への
相談を
まとめると

朝、起きるのが
苦手で
なかなか
起き上がれない

先生は優しいし、
おともだちと遊ぶのも
楽しい。
だけど、
園にずっといると、
すごーく疲れるの。

園に行くのを
いやがり、
泣きながら
登園することも

みすずさんの特性

園に
行ってしまえば
穏やかに楽しく
過ごしている

疲れやすく、
家に帰ると
グッタリ
している

ASDの子にとって、集団生活は想像以上にストレスフルです。起きられない、グッタリしている、表情がさえない、食欲がない、園に行きたがらないなど、疲れがたまっている様子があれば、無理をさせるのはやめましょう。

できることは、どんなこと？

安心・解決のアドバイス

1 無理はさせず、少しずつ慣れるようにする

無理やり園に行かせても、問題は解決しません。本人のペースで安心して登園できるようになることを目標にし、園と協力しながら、時間をかけて、徐々に慣れるようにしていくことが大事です。

本人が「行きたくない」と言い出したら、まずは「行きたくないんだね」と受け止めて、気持ちに寄り添い、無理はさせないでください。

2 行きたくない理由を探る

ASDの子が登園をいやがる理由としては、「刺激が多い」「何が起きるのか見通しが立たなくて不安」「活動についていけない」など、さまざまな理由が考えられます。

でも、自分で理由を見つけたり、気持ちを言葉にしたりするのが難しいのかもしれません。まずは何がストレスになっているのか、理由を探ってみましょう。

3 苦手な感覚がないか確認する

ASDの子は、音や光、匂いなどの感覚に対して、他の子とちがう感じ方をしていることがあります。特に、大きな音や騒音に極端（きょくたん）に反応する「聴覚過敏」をもつ子が多いことが知られています。

「園に行っただけで、グッタリ疲れている」という子の場合、もしかしたら、苦手な感覚があるのかもしれません。

4 家では十分に休みをとる

おけいこごと、レジャー、イベント、親戚付き合いなどで休日の予定が埋まっていませんか？　家ではゆっくり休めていますか？

体力がなく疲れやすい子の場合、とにかく、十分に休息をとることが不可欠です。余裕のあるスケジュールを意識しましょう。

登園したときには、おともだちとも仲良く楽しそうに過ごしているので、みすずさんがストレスを感じているかもしれないということに、気づいていませんでした。疲れすぎないように、気をつけますね。

園でのみすずさん 54ページ ➡

園の先生

空気が読めず、うっかり発言が多い

明るい性格のたくろうさん。人なつっこく天真爛漫(てんしんらんまん)なのは長所ですが、空気を読めないためうっかり発言も多いです。この間も親戚のお葬式で、お坊さんがお話をしている最中に、大きな声で「なんでこの人ハゲてるの？」と質問。お坊さんが「これは剃髪(ていはつ)と言ってね」と説明してくれたのでことなきを得たのですが、お母さんはびっしょり冷や汗をかいてしまいました。

ママ友は、「子どもが空気を読まない発言をするのは、よくあること」と慰めてくれますが、ふくよかな親戚のおばさんに「前より太りましたね」と正直に伝えたり、おともだちからもらったプレゼントを「こんなものいらない」と突き返したり、タクシーの中で「なんかこの車くさいね」と言ったり。いくら注意しても「武勇伝」はエスカレートするばかりです。

明るくて活発な子なので「利発なお子さんですね」なんてほめられることもあるんだけど、とにかく空気は読まないし、失言が多すぎる。もう少し、どうにかならないかな……。

どうして、こうなる？ 専門家に相談

発言の結果や相手の反応を想像できない

空気を読まずに言いたいことを言うのは
子どもの特権でもありますが、
たくろうさんの場合、かなりパワフルなようですね。

たくろうはASD＆ADHDなので
しかたがないのかもしれませんが、ストレートすぎて、
人を傷つけたり、怒らせたりしてしまいます。

なるほど。思いついたことをストレートに口にしてしまうだけでなく、**自分の言った言葉で相手がどんな気持ちになるのかイメージしたり、相手の反応を察することも苦手**なのでしょうね。

少しは人の気持ちを考えられるようになってほしいと思い、
注意したり叱（しか）ったりしても、
一向に効果がないんです。

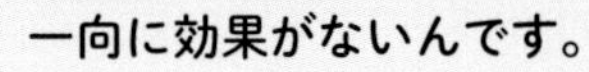

どんなふうに、
注意を
しているのですか？

「失礼でしょ」とか
「人を傷つけることは言っちゃダメ」とか伝えていますが、
あんまりピンと来ていないようです。

「人を傷つけることは言っちゃダメ」と言われても、**どんな言葉が相手を傷つけるのか、何を言ってはいけないのか想像するのが苦手**なので、わからないのかもしれませんね。

小学校に上がってからもこんな感じだと、
おともだちとトラブルになってしまうんじゃないかと、
本当に心配です。

専門家への
相談を
まとめると

言っては
いけないことが、
判断できない

人の気持ちを考えて
って言われるけど、
ぼくは意地悪を
言ったりしてないよ。
何がいけないか
わからないんだ。

人の気持ちや、
反応を
察することは
苦手

**たくろうさんの
特性**

思いついたら、
ブレーキを
かけることが
できない

叱られたり
注意されても
何がいけないのか
ピンと来ない

特に幼児期は「ブレーキがかけられないADHDの特性」＋「空気を読むのが苦手なASDの特性」が強いと、周りをヒヤヒヤさせてしまうかも。でも、「率直で独創的」という長所に変えていけるように応援しましょう。

できることは、どんなこと？

安心・解決のアドバイス

1 NGワードのリストをつくる

たくろうさんは「人が傷つくことは言ってはダメ」と言われてもピンと来ないようなので、人を傷つける可能性がある言葉を一緒に考えます。

例えば「きたない」「くさい」などネガティブな評価は人を傷つけることがあります。「太っている」「背が低い」など容姿に関することも人を傷つける可能性があるのを説明し、NGワードのリストをつくります。

NGワードのリスト

- ふるい
- きたない
- くさい
- まずい
- ふとっている
- せがひくい

2 イメージできるようヒントを出す

相手の気持ちを想像するのが苦手なたくろうさんのために、**「自分の部屋を、くさいって言われたらどう思う？」**など、相手の立場にたてるようなヒントを出します。

「なんとも思わない」「本当のことだから」と答える子の場合には、「おばさんは、どんな顔をしていた？」など、相手の反応に気を配れるように促します。

3 その場で謝るように促す

たくろうさんには悪気がないので、相手がいやな顔をしていても気づかず、何が悪かったのか理由を突き止めることができません。そのため失言があったときには、**その場で穏やかに「今の言葉で、いやな気持ちになるんだよ」と、はっきりと伝えましょう**。また、謝ることを促したり、わだかまりをつくらないよう気を配りましょう。

4 空気を読むことを求めすぎない

「空気を読め」と、できないことを求めてしまうと、成長するにつれ人の反応を気にするようになり、極端（きょくたん）に萎縮（いしゅく）し、自信をなくしてしまうことがあります。

天真爛漫（てんしんらんまん）で率直なのはたくろうさんの長所なので、過剰に空気を読むことを求めすぎないほうがよいでしょう。周りが「笑って流す」大らかさも必要です。

確かに、たくろうさんの発言にはドキッとすることも多いけど、いつも笑わせてもらっています。天真爛漫で自由奔放（ほんぽう）なたくろうさんの長所をのばせるように、サポートしたいな。

園の先生

園でのたくろうさん 58ページ ➡

熱中すると、切り上げられない

まりえさんはお絵描きが大好き。今は、自作のマンガ『星の子ポピン』を描いています。想像力豊かで、とても上手なのですが、どうやら熱中しすぎると、切り上げられなくなってしまうようです。

ある日の朝のこと。いいアイデアが浮かんだらしく、起きてすぐテーブルにノートを広げ、『星の子ポピン』を描き始めました。楽しそうに描いているのはいいのですが、パジャマのまま着替えようともしません。台所にいたお母さんが気づいて、「早く着替えて」「ほら顔を洗って」と言っても、ムスッと不機嫌（ふきげん）な顔をするだけ。お母さんが「朝ごはんだよ」と、テーブルの上を片づけようとすると、「せっかく描いてたのに！」とすごい剣幕で怒ります。結局ぎりぎりまでマンガを描いていて、通園バスに乗り遅れてしまいました。

集中力があるのはいいことだけど、どうしても切り上げることができない。遅刻したり、予定が狂ったりするのは日常茶飯事（さはんじ）。熱中しすぎでトイレに行けなくて、おもらしすることもあるの。

どうして、こうなる？ 専門家に相談

集中すると、次の行動にスムーズに移れない

ダラダラして朝の支度（したく）に取りかかれない子は
珍しくありませんが、まりえさんは、
なかなかのツワモノのようですね。

今は自作のマンガを描くことに夢中で、起きてすぐにマンガを描き始めます。「顔を洗ってからにしなさい」「先に着替えて」などと注意しても聞いてくれません……。

物事の優先順位をつけて、
段取りを考えながら行動するのが苦手なので、
興味のあることに集中してしまうのでしょう。

しかも、いったん自分が好きなことに熱中し始めると、切り上げることができません。「ごはんだよ」と声をかけても振り向いてくれません。トイレまで我慢（がまん）してしまうんです……。

もともと子どもは、
気持ちを切り替えることが苦手ですが、
ASDの子の場合、特にその切り替えが難しいのです。

「バスに遅れるよ」などと声をかけても、
不機嫌になるだけで、
言うことを聞いてくれません。

ひとつのことに集中していると、
急かされても次のことを考えることができず、
どうしていいのかわからないのでしょう。

毎日のように遅刻をしているので、
特に朝がストレスです。
切り替えさせるには、どうしたらいいんでしょう？

専門家への
相談を
まとめると

好きなことに
並外れた
集中力を
発揮する

何をすべきか
優先順位をつけ、
段取りを考える
のは苦手

お絵描きが
大好きで、今は
マンガを描くのに夢中。
じゃまされると
いやな気持ちになるし、
ほかのことは
考えられない。

**まりえさんの
特性**

注意されると
不機嫌になる

気持ちを
切り替えるのは
難しい

気持ちを切り替え、優先順位をつけ、段取りを考えて行動するのが苦手な子は、少なくありません。スムーズに次の行動に移れるように、うまくサポートしていきましょう。

できることは、どんなこと？

安心・解決のアドバイス

1 強制的に、やめさせようとしない

気持ちを切り替えるのが苦手な子の場合、集中していることを無理やりやめさせようとすると混乱し、不機嫌になってしまうのは当たり前です。また、いくら声をかけても、熱中していると、耳に届いていないこともあります。

パニックになると、余計に気持ちの切り替えに時間がかかってしまうので、強制するのはやめましょう。

- 早く！
- そんなことしてる場合じゃないでしょう
- やめなさい！
- 遅れても知らないよ

2 状況を知らせ、終わりを予告する

他の作業をしているときに、いきなり「ごはんだよ」と声をかけても、切り上げるのは難しいものです。

例えば**「あと5分でごはんができるよ」**などと状況を知らせ、**「それまでにお絵描きはやめて、机の上を片づけてね」**などと予告しておくと、気持ちを切り替えやすくなります。

3 段取りをはっきりさせ、予定表をつくる

朝の支度(したく)になかなか取りかかれないのは、まず何を先にやっておくべきなのか、理解できていないからかもしれません。

①トイレ→②顔を洗う→③歯みがき→④朝ごはん→⑤着替えなど、段取りをはっきり示し、予定表にして張っておくといいでしょう。

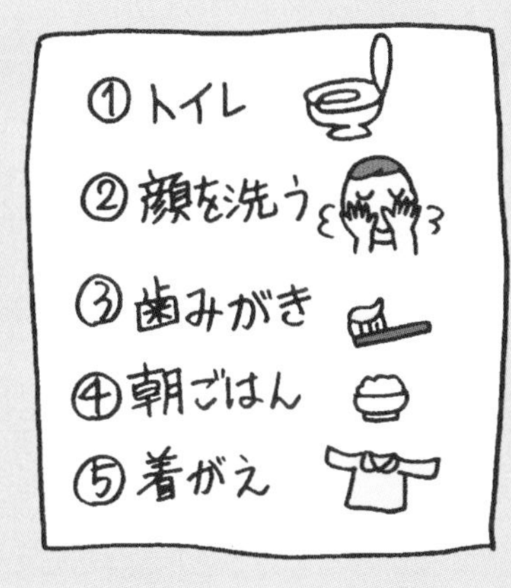

4 タイマーなどを使い、切り替えのきっかけをつくる

「着替えて」「食べて」など、声をかけるだけでは、次の行動に取りかかるのが難しいのかもしれません。

残りの時間がわかるようにタイマーを使ったり、**「あと10秒ね」**と予告してカウントダウンしたり、**「この絵を描いたら終わり」**と区切ったり、次の行動にスムーズに移れるきっかけをつくりましょう。

まりえさんの集中力は、うらやましいぐらい抜群！　でも、みんなが帰りの支度をしているときに絵を描いていたり、遊びに熱中してお昼寝の準備ができなかったりするので、予定の管理ができるようにサポートしますね。

園でのまりえさん 62ページ ➡

弟をいきなり、蹴ったり叩いたりする

5歳のしょうさんには2歳の弟がいます。普段は優しいお兄さんなのですが、時々、まだ小さな弟に暴力をふるうので、お母さんは頭を悩ませています。

この間も、2人仲良く積み木で遊んでいたのですが、いきなりしょうさんが弟の手を叩いたので、弟は大泣き。号泣する弟を、しょうさんは「うるさい！　泣くなー！」とさらに叩きます。お母さんはすぐに「暴力はダメ！」と叱（しか）りましたが、「邪魔をした弟が悪い」と、しょうさんは反抗的。「お兄ちゃんなんだから」と注意しても、「自分は悪くない」と言い張ります。

公園で滑り台から弟を突き飛ばしたことや、トランポリンで弟をいきなり蹴飛ばしたこともあります。しかも、いつも弟が大泣きすると、余計に逆上して、蹴ったり叩いたり、暴力がエスカレートするのです。

いつもは弟と仲良くしてるんだけど、しょうはときどき性格が変わったように凶暴になるの。大泣きする弟に馬乗りになって暴力をふるうことがあるので、やめさせたい……。

どうして、こうなる？ 専門家に相談

ストレスがかかると行動をセーブできない

しょうさんは、
普段から
カッとしやすいタイプなのですか？

いわゆるキレやすいタイプではないと思うのですが、こだわりが強くて気に入らないことがあると、癇癪（かんしゃく）を起こすことがあります。３歳のときにASDの傾向があるかも……と言われました。

なるほど……。
弟さんには、
どんなときに暴力をふるうのですか？

遊んでいる途中、些細（ささい）なことでいきなり……というパターンが多いですね。理由はよくわからないのですが、本人に聞くと「弟が邪魔をした」とか「先にいやなことをしてきた」と言います。

弟さんが**しょうさんのこだわっているパターンを崩したり、マイルールを破ったりしてしまうのかも**しれませんね。しょうさんにとっては、耐えられないくらいいやなことなのでしょう。

**そうかもしれませんが、
弟が泣くと、
私が止めても暴力がエスカレートするので困っています。**

もしかしたら、しょうさんには**感覚の過敏があり、子どもの泣き声が苦手なのかも**しれません。大きなストレスがかかると自分の行動をコントロールできなくなるのかも。

**２歳の弟に「我慢（がまん）しろ」とか「気をつけろ」と言っても、
どうにもならないし……。
どうしたら、いいのでしょう？**

専門家への
相談を
まとめると

こだわりが強く
パターンを
崩されるのが
苦手

いやなことを
されると、
ついつい
カッとしてしまう

弟は大好きだし、
優しいお兄さんで
いたいんだけど、
ぼくのいやなことを
してくるから、
ついカッとしちゃう。

しょうさんの特性

触られるのが
苦痛。
泣き声が苦手など
感覚の過敏がある

ストレスが
かかると行動を
コントロール
できない

幼児期は、まだ自分の感情や行動を、うまくコントロールできなくても当たり前です。周りが上手に対応していくことで、本人も対処法を身につけていけるようになります。

できることは、どんなこと？

安心・解決のアドバイス

1 本人の言い分も受け止める

周りにとっては些細（ささい）なことでも、本人にとっては怒りをおさえられなくなるくらい「いやなこと」。

「お兄ちゃんなんだから」と叱（しか）ってばかりいると、「自分の怒りや悔しい気持ちはわかってもらえなかった」というストレスを残してしまいます。しっかり話を聞き、**「弟が邪魔をしたんだね」「いやだったんだね」**と本人の言い分も受け止めましょう。

2 何が、暴力をふるう原因なのかを考える

ASDの子の中には、遊びやゲームが自分のイメージ通りに進まないとパニックを起こす子がいます。

小さな子どもは想定外の行動をとることが多いので、「子どもと遊ぶのが苦手」というASDの子は多いです。でも幼児期には、**苦手なことを表現できない場合も少なくありません**。「いやなこと」が何なのか、原因を突き止めましょう。

3 苦手な感覚からできるだけ守る

感覚の過敏が強い子の中には、少し触れられただけでも「叩かれた」「押された」などと感じたり、子どもの泣き声や男性の怒鳴り声が苦手という子も少なくありません。

しょうさんには、弟の泣き声がストレスになっているようなので、**弟が泣き始めたら、できるだけ2人を離し、どちらかを別の場所に連れて**いきましょう。

4 落ち着いてから、上手な解決法を考える

しょうさんの気持ちが落ち着いたら、**「いやだったんだね。でも、叩かれた弟もいやだったと思うよ」などと状況を解説**します。

そのうえで、「仲直りするほうがいいよね？」と一緒に解決法を考えます。「謝って仲直りできた」など、プラスの経験にしていくことが重要です。

園でも普段は、本当に面倒見のいいお兄さんなんですよ。しょうさんが、どんなときに機嫌（きげん）が悪くなるのか、ストレスを感じてしまうのか、園でも注意してみます。気づいたことがあれば報告するようにしますね。

園の先生

園でのしょうさん 66ページ ➡

食が細く、好き嫌いが多い

いずみさんは離乳食の頃から好き嫌いが多く、食べられるものが限られているので、お母さんは苦労してきたようです。ごはんが嫌いで、パンが好き。お肉の匂いが苦手で食べられるのは、鶏肉のささみだけ。お魚と野菜はほとんど食べられません。

夏休み、祖父母の家に泊まりに行った初日の晩、おばあちゃんが用意したごちそうに、いずみさんはほとんど手をつけられませんでした。カレーなら食べられるということでしたが、「ルーを使わず、カレー粉で」「ごはんは雑穀米」「玉ねぎの形が残っていると食べられない」などリクエスト満載。結局いずみさんは、ずっとコンビニで買ったパンを食べていました。おばあちゃんは、「普段から甘やかしすぎているんじゃないか」と、お母さんに説教をしてしまいました。

まだ子どもなので、「ピーマンが食べられない」とか多少の好き嫌いはしかたがないと思うけど、ちょっとわがままますぎる。ジャンクフードばかり食べさせているのが、よくないんじゃないかしら。

どうして、こうなる？ 専門家に相談

味覚の過敏や、食べ物へのこだわりがある

いずみさんの
偏食の多さに、
驚かれたようですね。

前から食が細い子だと思ってました。
今回、初めて泊まりに来たのですが、
好き嫌いが激しく、ずっとパンを食べていました。

わがままだと思われがちですが、
ASDの子の中には**味覚の過敏がある子**がいます。
いずみさんはそのタイプかもしれませんね。

普段からジャンクフードばかり食べているから、好き嫌いが
あるんじゃないかと思って……。なので、「おいしいから食
べてごらん」と勧めたのですが、箸をつけようともしません。

多くの人が「おいしい」と感じる味も、とてつもなく「まずい」と
感じることがあります。**一度いやな経験をすると、食べることに臆**
病になり、食べたことがないものを食べるのに勇気が要るのです。

カレーなら食べられるというので、
カレーをつくったのですが、
いろいろなこだわりがあるようなんです。

特定の銘柄や、毎日「パンとゆで卵」など決まったメニューしか食
べない子もいます。また「匂い」だけでなく、「見た目」や口に入
れたときの「食感」などにこだわりがある子も少なくありません。

わがままじゃないとしても、
このままだと栄養もかたよってしまうし、
給食で苦労するのではないかと心配です。

専門家への
相談を
まとめると

味覚の
過敏があり、
好き嫌いが
激しい

コンビニパンは
おいしいと思うけど、
ごはんは匂いがくさいし、
おかずはぐちゃぐちゃ
していて、
嫌いなメニューが
多いの……。

食べたことが
ないものを、
食べるのは
苦手

いずみさんの
特性

お肉の
焼けた匂い、
ごはんの匂い
なども嫌い

食べ物の
見た目や食感に
こだわりがある

味覚の過敏があり、食べ物へのこだわりが強い子の場合、食事そのものが苦行になりがち。好き嫌いを直すことを考えるよりも、「食事は楽しい」「おいしい」と思える機会を増やすことが大切です。

できることは、どんなこと？

安心・解決のアドバイス

1 原因を考え、調理方法を工夫する

食べられないものが多い子の場合、匂い、味、口に含んだときや噛んだときの食感、後味など何がネックになっているのか原因を考えましょう。

原因がわかれば、**「野菜は食感が残らないよう、ミキサーでつぶす」「匂いが強いものは、好物のミルクで煮る」**など、調理方法を工夫することで、食べられるようになる場合があります。

2 好んで食べるものを、否定しない

好物がコンビニで買える菓子パンだったり、冷凍食品＆レトルトなどのインスタント食品だったりすることは珍しくありません。**ASDの子にとって、「いつも同じ味」という点で安心できる**からです。

偏食が多い子は、ジャンクフードでも食べられるものは貴重です。「そんなものばかり食べないで」などと制限しがちですが、否定しないようにしましょう。

3 リラックスして、食事を楽しむことが大切

「ちゃんと食べなさい」と叱(しか)ったり、「これだけは食べよう」と訓練させたりしていると、食事の時間自体が苦痛になってしまいます。

特に「自分にとって、まずいと感じるもの」を食べたことにより、食事がトラウマになってしまっている子の場合、まずは**本人がリラックスして、食事を楽しめるように工夫するほうが大切**です。

4 少しずつ、食べられるものを増やす

「食事は楽しいな」「おいしいな」と思えるようになったら、成長するにつれて、「これも食べてみようかな」というチャレンジ精神がめばえ、少しずつ食べられるものが増えていきます。

無理強いするのではなく、タイミングを見計らいながら、チャレンジを応援しましょう。

いずみさんは、毎日のお弁当が菓子パンだから、実は「ちゃんとお母さんにお弁当つくってもらえないのかな」って思っていました。お母さん、苦労してたんですね。少しずつ、食べられるものが増えるといいですね。

園の先生

園でのいずみさん 70ページ ➡

興奮しやすく、すぐに大騒ぎになる

たけしさんは、赤ちゃんの頃から何かのスイッチが入ると大泣きし、なかなか泣きやみませんでした。2歳になっても会話ができず、お母さんは「どこか他の子とちがう」「育てにくい子だなぁ」と感じていました。そして3歳のときに、知的障害をともなうASD（自閉スペクトラム症）と診断されました。

赤ちゃんの頃のように朝まで泣いていることはなくなりましたが、ちょっとしたことで興奮しやすく、テンションが上がるとブレーキが利かなくなります。

お正月、田舎に親戚が集まったときのこと。いつもとちがう雰囲気に興奮したのか、たけしさんは「うわー。うわー」と叫び、ぴょんぴょん跳ねて大騒ぎ。制止しようとしたお母さんは、すごい力ではね飛ばされてしまいました。

たけしは興奮すると手がつけられないの。親戚から白い目で見られるし、はね飛ばされてケガをしちゃうし、さんざんだったな。お正月や夏休みに、田舎に帰るのが憂鬱……。

どうして、こうなる？ 専門家に相談

楽しすぎて、感情が暴走してしまう

たけしさんは興奮すると、
大騒ぎしてしまうようですね。
どんなときに興奮してしまいますか？

遊んでいるときや、好きなことをしているとき、
好きなものを見つけたとき、
人が大勢、集まったときとか……。

楽しかったり、うれしかったりして、
気持ちが高ぶると、感情が暴走して、
ブレーキがかけられなくなるのかもしれません。

そうなんですね……。
だけど、悲鳴を上げたり、自分の体をたたいたり、
ごろごろ床を転がったりすることもあります。

溢れ出た感情を言葉にできず、
どのように表現していいのかわからなくなり、
周りから見ると奇妙な行動をとるのでしょう。

4歳になり「ごはん」とか「わんわん」とか簡単な単語で意思の疎通（そつう）はできるようになりました。だけど興奮すると、「やめなさい」と制止しても、まったく聞いてくれないんです。

感情が暴走しブレーキが利いていない状態なので、
怒られたとしても
自分ではどうすることもできないのです。

だけど、物にぶつかったり、人を突き飛ばしたり、
止めなければ危険な場合もあります。
どうすればいいのでしょう。

専門家への
相談を
まとめると

楽しいとき
うれしいときに
気持ちが
高ぶってしまう

大好きな
おじいちゃんと
会えた！
電車のおもちゃをくれた！
うれしくて、
ぴょんぴょん
したんだ。

感情が
暴走すると、
行動にブレーキ
がかけられない

たけしさんの特性

ぴょんぴょん
跳ねるなど
奇妙な
行動をとる

「やめなさい」
と制止しても、
本人はどうにも
できない

ASDの子は混乱したり不安が強かったりするときだけでなく、うれしいときや楽しいときにも、パニックのような状態になることがあります。自分の感情をコントロールする力が弱く、暴走してしまうのです。

できることは、どんなこと？

安心・解決のアドバイス

1 興奮しすぎないように、本人の様子を確かめておく

気持ちの高ぶりがピークに達していると、そのぶん、暴走を収めることも難しく、時間がかかってしまいます。**テンションが上がりすぎていないか、本人の様子をよく見ておき、できるだけ暴走する前にサポート**しましょう。

安全な場所に移動する、好きなグッズで気持ちを切り替えるなど、効果的な方法も見つけておきましょう。

2 落ち着ける場所を、事前に決めておく

たけしさんが興奮する可能性がある場合は、あらかじめ本人が落ち着くことができる場所（カームダウンスペース）を決めておきます。できるだけ刺激が少ない、静かな場所が理想的です。少しでも気持ちが高ぶり始めた様子が見られたら、**カームダウンスペースに連れていき、好きな音楽を聴いたり、お気に入りの絵本を見たりして気持ちを落ち着かせる**ように促します。

3 本人が落ち着けるようなグッズを準備する

お気に入りのぬいぐるみ、てざわりのいいグッズ、好きな絵本、毛布など本人が持っていることで安心でき、リラックスできるものが必ずあるはずです。

興奮しそうになったときのために、持ち歩きましょう。いざというとき手にすることで、暴走を止める手助けになります。

4 表現方法を身につけていく

本人が「楽しい」「うれしい」気持ちを、別の方法で表現できるようになれば、危険な行動は減っていくはずです。

周りの大人が、**「うれしいんだね」「楽しいんだね」などと本人の気持ちを代弁**しながら、表現方法を伝えていくようにしましょう。

たけしさんは人なつっこくて、おともだちが大好きなんです。楽しいと興奮してしまうことがあります。たけしさん自身や、おともだちの安全を守るためにも、カームダウンスペースを決めておきますね。

園の先生

園でのたけしさん 74ページ ➡

【column】

専門家からの
ワンポイントアドバイス①

意外と見逃しやすい感覚過敏

ASDの感覚過敏は多岐にわたり、なかには普通の人には聞こえない小さな音に反応を示す子や、洗剤や香水の匂いに敏感で気分が悪くなる子もいます。不快に感じる感覚はさまざまですが、家電量販店、テーマパークなど刺激が多い場所では、疲れやすいので注意してください。

睡眠リズムの乱れに注意！

ASDの子どもは、不眠、昼夜逆転、中途覚醒、早期覚醒などに悩まされるケースがめずらしくありません。睡眠リズムの乱れは、心身の不調をまねきます。土日や長期休みにはリズムが崩れやすく、いったん崩れると元に戻しにくい場合があるので、注意しましょう。

常同運動ってなに？

体を前後に揺する（ロッキング）、ぴょんぴょんジャンプする、手をひらひらと目の前にかざすなど、何度も繰り返される行動を「常同運動」といいます。特に幼児期には、興奮したときや緊張したときなどに、常同運動がみられる場合があります。

第2章

こんなとき どうする？

保育園・幼稚園編

変化や予測できないことが苦手、
遊びのルールや暗黙の了解がわからない……、などなど。

ASDの子どもは、その特性により、
園の中では特に苦労しているかもしれません。

集団生活の場で、ASDの子どもも、
みんなと一緒に楽しく過ごすためには、どうすればいいのか。
よくあるケースから、ヒントを考えてみましょう。

ありささんの場合

いつもひとりぼっちで、遊びに加わらない

ありささんは、おともだちが近くで遊んでいても関心を示さず、声をかけても加わろうとしません。今日は年長の男の子がアニメ『魔王サルサル』の大きなお城をつくろうと言い出し、みんなで積み木のお城をつくり始めました。でもありささんは、すみで黙々と四角い積み木を規則的に並べています。

おともだちは「魔王サルサル」ごっこを開始。サルサルのチームと悪魔ドクロマンのチームに分かれて戦いがスタート。「ドクロ魔法だー！」「やられたー！」と盛り上がっています。先生はありささんにも、「ドクロ魔法よー！」と魔法をかけますが、ポカーンとして、また黙々と積み木を並べ始めました。

ありささんは、いつもひとりぼっちで遊んでいて、ちっともおともだちの輪に入ろうとしないの。みんなが盛り上がっていても、気にならないのかな。

どうして、こうなる？ 専門家に相談

関心の幅が、他の子とは異なる

ありささんは、園でも、ずっとひとりで遊んでいるようですね。

ひとりでポツンと遊んでいるので、できるだけ声をかけるようにしているのですが、なかなか、おともだちの輪の中に入ろうとしません。

どんなふうに声をかけているのですか？

「一緒に遊ぼうよ」とか、「ほら。これ、かわいいでしょう？」とか、声をかけても、顔をこちらに向けるだけで、ポカーンとしていたり、無視したり……。反応が薄いんです。

あまり興味がもてない、どう反応していいかわからないことなのでしょう。ASDの子の場合、**関心の幅が極端(きょくたん)に狭く、大多数の子が興味をもつアニメのキャラクターなどにも関心を示さない**ことがあります。

そういえば、絵本の読み聞かせのときも、お話の世界に興味がもてないのか、退屈そうにしていることがあります。みんなに人気がある『魔王サルサル』も、ありささんは苦手みたい。

そもそも物語（ストーリー）が理解できないのかもしれません。ASDの子の中には、**文脈を追うのが苦手で、絵本や物語がわからないタイプ**がいます。ごっこ遊びが苦手なのも、このことが関係しています。

そうなのですね。女の子はグループで行動することが多いので、おともだちの中に入れないと、小学校に行ってから苦労しないかなぁ。

専門家への
相談をまとめると

おともだちに
あまり
関心がない

いつも、
ひとりぼっちで
遊んでいる

声をかけても
ポカーンとしたり
無視したりする

できることは、どんなこと？

安心・解決のアドバイス

1 マイペースを守れるよう応援する

これからの人生を考えると、ありささんにとって大切なのは周りの価値観に振り回されず、できるだけ自分のペースで穏やかに過ごすこと。そのためにも**「孤独に強い」ところは重要な長所**です。

「ひとりぼっちで、かわいそう」と思うかもしれませんが、本人が気にしていないのであれば、心配する必要はありません。

マイペースで孤独に強いのは、ありささんの長所ですが、孤立しないよう気をつけてください。集団生活の中で「おともだちと協力したら、うまくいった」という経験も積んでいけるといいですね。

2 一緒に行動する子を決めておく

女の子は小さな集団をつくって情報を伝え合ったり、行動したりすることが多いので、集団生活を送るうえでは、ありささんが困る場面があるかもしれません。

人の世話をするのが好きな子、近所の子などに頼み、必要なときに一緒に行動してくれる子を決めておきましょう。

みんなが好きな
アニメや絵本は、
私にとっては
よくわからないし、
退屈なんだ。

ありささんの特性

絵本の
読み聞かせでも
退屈そうに
している

3 いじめや仲間はずれから守る

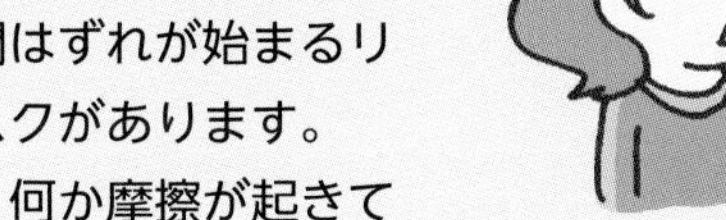

「声をかけたのに無視された」などで、いやな思いをしている子がいるかもしれません。小さなもつれから、いじめや仲間はずれが始まるリスクがあります。

何か摩擦が起きていないか注意し、速やかに対処しましょう。**傷ついた子の気持ちを受け止めつつ、ありささんに悪気がないことを伝える**のがポイントです。

4 遊びに参加できる機会をつくる

例えば並べるのが得意なありささんに長い線路をつくってもらい、みんなで電車ごっこをするなど、ありささんが活躍できて、遊びに参加できる機会をつくります。

「おともだちと遊んで楽しかった」「参加できてよかった」という機会をつくることが大切です。

ありさが「園で線路を並べる係りをして、楽しかった」「おともだちや先生と一緒に遊んだ」って報告してくれました！　うれしかったなあ。

お母さん

おうちでのありささん 12ページ ←

そうすけさんの場合

とにかくガンコで、融通が利かない

「電車博士」と呼ばれるほど博識なそうすけさんですが、園でもガンコさを発揮しています。洗面台では5つ並んだ蛇口（じゃぐち）のうち「使うのは右端」と決めていて、右端を誰かが使っていても、決して他の蛇口は使いません。庭に水をまくため右端にホースが刺さっていたときには、「使えない！」と大騒ぎ。

園でアニメDVDを観るときも「電気を消して観る」というルールがあり、照明を消さなければ落ち着けず。しかも、みんなが静かにスタンバイしてから再生したいよう。誰かがおしゃべりしたり、席を立ったりするとパニックを起こし、やり直さなければ気がすまず、みんなから大ブーイングが起きています。

園の先生の悩み

ASDでこだわりが強いのは理解しているつもりなんだけど、ガンコで融通が利かないの。集団生活の中では、他の子たちからブーイングが出る場面もあるから、困ってしまうな。

どうして、こうなる？ 専門家に相談

ガンコと思えるこだわりも、本人には重要

園でも、そうすけさんは、
マイルールが
多いようですね。

登園して部屋に入るまでの道順、使う洗面台やトイレなど、細かいルールがあって、思う通りにいかないとパニックを起こします。

どんなときに、
パニックに
なりますか？

いつも使う洗面台が使えなかったり、自分の机に他の子の物が置かれていたり……。そうした小さなことに、臨機応変に融通を利かせて対応することができないようです。

そうすけさんは、**いつもと同じルールを繰り返すことで、心の平穏を保ち、「よし大丈夫」と安心**しています。
小さなことでも彼にとっては一大事で、動揺してしまうのでしょう。

**こだわりが強いのは
ASDの特性と理解しているつもりですが、
集団生活の中で、どこまで認めるべきなのか、悩んでいます。**

「わがまま」「がんこ」と思われるようなこだわりでも、本人にとってはとても重要だったり、必要だったりすることがあります。
できる限り、認めていく方法を考えていきましょう。

**「DVDを観るときに電気を消して暗くする」というこだわりは、本人にとって本当に重要なんでしょうか？
いったい、何を基準に判断すればいいのかなぁ……。**

できることは、どんなこと？

安心・解決のアドバイス

1 こだわりは、基本的に受け入れる

　こだわりは、安心を得るためのお守りのようなもの。幼児期はやめさせようとすると、不安が強くなる、パニックを起こすことにつながります。

今からDVDを
観るから
電気を消すね

　人を傷つけたり、本人の危険をともなったりする場合を除いて、本人が「安心できること」を優先し、基本的に受け入れます。**他の子と摩擦にならないよう先生が照明を消すなど、協力体制をつくる**のがポイントです。

専門家への
相談をまとめると

園で使う洗面台・トイレ・机・椅子などが決まっている

ガンコで、自分のルールが破られることを嫌う

臨機応変に融通を利かすことができない

そうすけさんは集団生活の中で、自分のルールを決めて行動することで、心の平穏を保っています。まずは、安心できる環境を整え、少しずつ変化に対応できるようにしていきましょう。

2 こだわりの背景を考える

　例えばDVDを観るとき暗くするのは、「視覚過敏」「刺激が多いとDVDに集中できない」などの理由があるのかもしれません。

　一般的には、ストレスや不安が多くなると、こだわりも強くなる傾向があります。あまりにもこだわりが目立つ場合は、**園で子どもが安心して過ごせる環境になっているかどうか、振り返ってみる**必要があります。

そうすけさんの特性

思い通りに
いかないと
パニックを
起こす

3 変更は事前に予告&掲示する

「いつも使っている蛇口が使えない」など、予想外のことが起きると、ASDの子には負担が大きく、混乱してしまいます。できるだけ「明日の朝はお庭に水をやるから、いつもの蛇口が使えないよ」など、事前に予告しておきましょう。

また、「蛇口が使えないんだな」と思い出せるよう、よく見える場所に、張り紙をしておくといいでしょう。

4 少しずつ変化に慣れるようにしていく

本人の調子がよく、気持ちの余裕があるときに、園でも少しずつ変化に慣れる練習をしてみましょう。

「今日は、先生と一緒に左端の蛇口を使ってみようか」などと声をかけ、「いつもとちがうことをしたけど、平気だった!」という経験を増やしていきます。

園に行き始めたばかりの頃は、毎日のようにパニックを起こしていたらしいけど、「この1週間、パニックを起こしていません」って連絡帳に書いてあって、嬉しかったな。

お母さん

みすずさんの場合

運動会の練習に参加しない

もうすぐ秋の運動会。みすずさんのクラスは大ブレイク中の「タンポポ」を踊ることになりました。おともだちは張り切ってダンスの練習をしています。けれども、みすずさんはボーッと見ていて積極的に関わろうとしません。先生が声をかけると、おずおずと加わるのですが、あまりやる気がない様子。

外での練習も苦痛なのか、「体操服に着替えてー」と指示しても、なかなか着替えなかったり、「列に並んで」と声をかけても、ひとりだけポツンと部屋にいたりします。

だんだん元気がなくなってきたので、先生も心配していたのですが、最近になって「運動会はお休みしたい」と言い始めました。

園の先生の悩み

どうして参加してくれないのかなぁ。そんなに難しいダンスじゃないんだけど、「一緒に踊ろうよ」って声をかけても、もじもじしていて、なかなか乗り気になってくれないの。

どうして、こうなる？ 専門家に相談

いつもとちがう園の様子に混乱している

みすずさんは、
ダンスの練習を
いやがっているのですか？

ダンスは嫌いじゃないらしく、練習を拒否しているという感じではありませんでした。だけど、みんなが自由時間に踊り出しても、なかなか輪の中に入ろうとしません。

なるほど。ダンスが苦手なのではなく、**普段とちがう園の様子や練習のために予定が急に変わったりすることにとまどい、混乱している**のかもしれませんね。

そうなんですね。
「今から練習するので、外に出て」と指示しても、
ポツンとひとりで部屋にいたりします。

そもそも、ASDの子は
必要な情報をピックアップすることが苦手なので、
一斉に出した指示は伝わっていない可能性もあります。

とまどっているのを見つけると、
「今から練習するよ」「早く着替えてね」とか、
事あるごとに声かけをしているつもりなんですが……。

その場で声をかけられても、急に対応できないのかもしれません。
何が起きているのかわからないので、**不安が強くなり、**
運動会を楽しみにすることができなくなっているのでしょう。

そうだったんですね。
みすずさんの不安を軽くするために、
何かできることがありますか？

専門家への
相談をまとめると

いつもと
ちがうことは
苦手で混乱する

普段とちがう
園の様子に
とまどっている

声を
かけられても、
どうしていいか
わからない

できることは、どんなこと？

安心・解決のアドバイス

1 行事やイベントは、写真やプログラムで説明する

ASDの子は運動会や遠足などの行事で、何が起きるのかイメージできず、見通しが立たないことで混乱してしまうことも考えられます。

できるだけ、写真やプログラム、イラストなどを使って、「運動会はどんな行事なのか」「当日までに何を準備しなければならないのか」「どんなスケジュールで進むのか」を、わかりやすく伝えておきます。

2 とまどうことのないように、予定は事前に知らせる

自由時間に、いきなりみんなが踊り始めたり、急に外で練習することになったり、普段どおりの生活ができなくなってしまうことは大きなストレスになります。

できるだけ事前に、「自由時間にダンスの練習をするかもしれません」「晴れていたら、午後から外で練習します」など、予測できることは知らせておきましょう。

お昼ごはんのあとで、ダンスの練習をします

みすずさんは、普段とちがうことがあると不安にかられてしまうタイプ。何が起きるかイメージしにくい、運動会や遠足などの行事やイベントは苦手です。不安が軽くなるよう、丁寧（ていねい）に情報を共有しましょう。

みすずさんの特性

一斉に指示をしても、聞こえていないことがある

3 お手本になる子を決めるなど、練習の方法を工夫する

みすずさんは、他の子どもたちのように、一緒に踊っている先生や上手な子の真似（まね）をして、自然に振り付けを覚えることができません。

1対1で教える時間をとったり、「○○ちゃんの真似をしてね」とお手本になる子を決めたり、みすずさんがダンスの振り付けを覚えやすいように、練習方法を工夫しましょう。

4 不安を減らし参加できる方法を考える

本人の不安を減らし、できるだけストレスなく参加できる方法を考えます。

「ペアの子を決めて、一緒に行動してもらう」「立ち位置や待つ場所に目印をつける」ことのほか、全部の振り付けを覚えるのが難しい場合は、部分的に踊ることにして、ほかのパートは手拍子だけにする、といった方法を工夫しましょう。

「運動会はお休みしたい」って泣いていたけど、先生が丁寧に説明してくれて、1対1でダンスの振り付けを教えてくれたから、今は参加したいと思えるようになったみたい。

お母さん

おうちでのみすずさん 20ページ ←

たくろうさんの場合

遊びのルールや、順番が守れない

元気いっぱいのたくろうさんは、おともだちと遊ぶのが大好き。でも、かくれんぼや鬼ごっこなどのルールを守ることができません。鬼にタッチされても知らん顔でそのまま逃げる。注意してもすぐにルールを破る。おともだちは怒っていますが、本人はケロリ。

たくろうさんは順番を待つのも苦手。ブランコにみんなが並んでいても、平気で割り込みます。遠足で博物館に行くと、大人気の恐竜の剝製の前に長い行列ができていたのですが、たくろうさんは割り込み「ティラノサウルスだー」と大はしゃぎ。おともだちからブーイングが起こっても、たくろうさんは「恐竜は大きいなぁ」と感動しています。

園の先生の悩み

天真爛漫（てんしんらんまん）なのは長所だけど、周りからブーイングが出ても、本人は自分が悪いことをしたとは気づいていないみたい。ルールや順番を守ることを教えるには、どうしたらいいのかな。

どうして、こうなる? 専門家に相談

そもそもルールがわかっていないのかも

たくろうさんは、
悪気がなくルールを
破ってしまうようですね。

「鬼は10数える」と教えても、数える前に走り出してしまうし、鬼にタッチされても逃げてしまうし、たくろうさんがいるとゲームがむちゃくちゃになってしまいます。

自分の行動にブレーキをかけるのが苦手なところはADHDの特性です。「早く逃げなきゃ」と思うと、
ルールを忘れて走り出してしまうのでしょう。

周りの子が「ずるい!」「つまんない」
と怒っていても、
あんまりピンと来ていないように見えます。

ADHDだけでなくASDの傾向があると、他の子どもの気持ちを察したり、反応をとらえたりするのは苦手です。**自分の行動の結果、おともだちが怒っているということを結びつけて考えられない**のです。

「ルールを破ってはダメ」と何度も注意しているけど、
効果がないので困っています。
割り込むクセも、治りません。

「ダメ」と言われても、**具体的に何がいけないのか理解できない**のかもしれません。
そもそもルールがわかっていない可能性もあります。

おともだちと仲良くやっていくためには、
少しずつでも、ルールが守れるようになってほしいのですが、
どうしたらいいのでしょう?

専門家への
相談をまとめると

簡単な遊びの
ルールが
守れない

順番を
待つことも
苦手

列に
並んでいても
平気で
割り込む

できることは、どんなこと？

安心・解決のアドバイス

1 穏やかに、具体的に伝える

たくろうさんも並ぼうね

　悪気がなくルールを破ったり、順番が待てず割り込んでしまう子の場合、「割り込んじゃダメ」とダメ出しばかりしてしまいがちです。
　もし、ルールを破ってしまった場合、「鬼はここで止まって10を数えるんだよ」などと、具体的に教えましょう。できるだけ穏やかに「並ぼうね」「ゆっくり待とうね」と肯定的な言葉かけを心がけます。

ASD＋ADHDの場合、そもそもどのように行動したらいいのかがわかっていないことがあります。できるだけ具体的にルールを教えながら、「できた」というプラスの経験を積み重ねていけるよう、サポートしましょう。

2 ルールがわかるように工夫する

タッチ
タッチされたら
おにになるよ

　ルールが守れないのは、行動にブレーキがかけられないという理由だけではなく、そもそもルールがわかっていないのかもしれません。
　暗黙の了解が苦手なASDの子の場合、鬼ごっこなどの簡単なルールでも、わかっていないことがあります。絵に書いて見せながらルールを確認するなど、わかるように教えましょう。

遊ぶのも、
走るのも大好き！
先生に時々
「ルールを守ってね」
って注意されるけど、
楽しいと自分では
止められない。

たくろうさんの特性

いくら
注意しても
効果がない

3 状況をかみ砕いて解説する

たくろうさんは、表情や声のトーンなどから人の気持ちをイメージするのが苦手。なので、自分の行動の結果、みんなが怒っているということを察することができません。

「みんなは恐竜が見たくて、並んでいたんだよ」「10分待っている人もいたよ」「たくろうさんが割り込みしたから、怒っているんだよ」と状況を解説しましょう。

4 その場ですぐに謝ることを促す

悪気がなかったとしても、ルールを破るのはいけないことです。すぐに仲直りはできないかもしれませんが、その場で謝ることを促します。

また、おともだちには「たくろうさんはルールがわかってなかったみたい」「わざとじゃなかったんだよ」と、悪気がないことを伝え、トラブルの種をつくらないようにしましょう。

「たくろうさん。今日はブランコに並べました」って、連絡帳に書いてあって、うれしかったな。集団生活の中で、少しずつ、ルールを覚えているみたい。

お母さん

園でのエピソード 5

まりえさんの場合

マイペースで、自分勝手すぎる

まりえさんは、いつも自分が興味のあることだけ一方的に話し続けます。自分が好きなアニメについて話してから、おともだちが別のアニメが好きと言うと、「あんなのつまんない」とバッサリ切り捨ててしまいます。

先生が絵本を読んでいるときには、おかまいなしに「遊園地に行ったんだ」と話し出します。おともだちが注意しても、「何に乗ったと思う？」としゃべり続けます。先生が叱(しか)ると、「この絵本おもしろくないよ。先生の読み方もヘタクソだし」と言い放ち、部屋を出て行ってしまいました。みんながウンザリしていても、本人は「お天気いいから外で遊ぼうよ！」と、あくまでマイペースです。

園の先生の悩み

自由奔放(ほんぽう)で天真爛漫(てんしんらんまん)なのは、まりえさんの長所かもしれないけど、マイペースで自分勝手な行動が目立ちすぎると、集団生活の中では浮いてしまうんだよね……。

どうして、こうなる？ 専門家に相談

周りの反応や気持ちに関心が及ばない

まりえさんは園でも、
かなり自由奔放に
行動しているようですね。

好き嫌いもはっきりしていて、
自分の興味があることしかやらないので、
集団生活の中では何かとトラブルになります。

具体的には、
園の中で
どんなトラブルがありますか？

「つまんない」「おもしろくない」などと平気で人を傷つけるようなことを言ったり、読み聞かせの途中でちがう遊びを始めたり、周りをウンザリさせるような自分勝手な行動をとるんです。

興味がないものに無関心で**自分が好きなことにしか集中できなかったり、思いついたことをそのまま口にしてしまったりする**のはASDの特性。**本人には、自分勝手に行動している自覚はない**と思います。

おともだちから「わがまま」と、非難されることが増えてきましたが、本人は気にしていません。注意すると、
「だって、つまんないんだもん」などと反発してくることも……。

相手の反応を確認したり、気持ちを想像したりすることに、注意が及んでいないのでしょう。ただ、**人の評価や周りの目を気にせず行動できるのは、まりえさんの長所**でもあります。

そうかもしれませんが、周りを怒らせたり、
いやな気持ちにさせてしまうことが多いので、
困っています。

専門家への
相談をまとめると

自分が興味の
あることを、
一方的に
話し続ける

相手の反応は
まったく
気にしない

行動も
マイペースで、
関心があること
しかしない

できることは、どんなこと？

安心・解決のアドバイス

1 状況を説明し、約束事を決めておく

利発でおしゃべりでも、ASDの子の場合、自分が置かれている状況や、どんなふうに振る舞うべきなのかを理解できていないことがあります。

読んでいる間は
おしゃべり禁止だよ

話してはいけない場面では、あらかじめ**「今から絵本を読みます。読んでいる間は、おしゃべり禁止だよ」「これから10分は話を聞いてね」**などと伝えて約束しておくようにしましょう。

自分の好きなことにしか熱中できないタイプの子は、集団生活の中で「わがまま」「自分勝手」などと誤解されがち。集団行動にも上手に参加させながら、本人の長所を伸ばせるようサポートしましょう。

2 理解できるように、解説したりする

相手が何を伝えたいのか、文脈を追いながら話を聞くには、スキルが必要です。絵本の読み聞かせも文脈が追えないことで、集中できないのかもしれません。

「今から猫が旅に出るよ」とストーリーを補足したり、「この花の名前わかる？」と質問したり、話についてこられているか確認しながら進めるようにします。

まりえさんの特性

周りが
怒っていても
気づかない

3 会話を楽しめるような機会をつくる

会話のやりとりは練習すればスキルが上がります。「おともだちの話を聞いて、おもしろかった」「自分の世界が広がった」と思える経験をしてもらいます。

「①3分、好きなことを話す」「②質問を受ける」「③質問に答える」を順番に行っていくなど、ゲームをやってみるのも、ひとつの方法です。

4 おともだちとの間にわだかまりを残さない

まりえさんに悪気がなくても、周りのおともだちがいやな思いをしたと感じているときは、わだかまりを残さないように注意しましょう。

まりえさんに「みんな絵本の読み聞かせを楽しんでいたんだよ」「おもしろくないって言われて悲しい気持ちになったな」などと説明して、その場を収めます。

まりえはマイペースな子だから、おともだちとうまくやっていけるか心配だったけど、少しずつみんなと一緒にいることにも慣れていってほしいな。

お母さん

おうちでのまりえさん 28ページ ←

しょうさんの場合

ゲームなどの勝ち負けにこだわる

しょうさんは、度が過ぎるほどの負けず嫌い。トランプでもカルタでも、ゲームはとにかく自分が勝たなければ気がすみません。うまくいかないと、だんだんと不機嫌（ふきげん）になり、途中で「やあめたー！」と放り出してしまいます。札を投げてぐちゃぐちゃにして、おともだちにトランプを投げつけたことも。

かけっこも一番でなければ気がすまないので抜かれそうになると、他の子を突き飛ばしたり、おともだちとケンカになったり。この間はドッジボールで当てられると、おともだちにつかみかかろうとし、先生が制止すると「なんで当てるんだよー！」と泣きわめき、手がつけられない状態になりました。

園の先生の悩み

「一番じゃなくてもいいじゃない」「勝ち負けにこだわらないで」と教えても、一向に変わりません。 おともだちとのトラブルも日常茶飯事（さはんじ）。いったい、どうしたらいいんでしょう？

どうして、こうなる？ 専門家に相談

負けることへの不安が強すぎる

しょうさんは、
かなりの
負けず嫌いのようですね。

**なんでも、とにかく
自分が一番じゃなきゃ気がすまないんです。
じゃんけんに負けただけで、泣きわめくこともありました。**

ASDの「一番病」と言われるもので、珍しくはありません。きっと、**「勝ち＝楽しい」「負け＝楽しくない」という思いが強く、負けても「まぁいいや」「しかたない」などととらえるのが苦手**なのでしょう。

**それにしても、じゃんけんに負けたり、
ドッジボールでボールを当てられたくらいで、
泣きわめくほどではないと思うのですが……。**

ASDの子の場合、過去に負けて悔しい思いをしたり、うまくいかなかった記憶があると、**「また、うまくいかないのではないか」と、極端（きょくたん）に不安になってしまう**ことがあります。

**「がんばったんだから、いいじゃない」と説得したり、
「また今度、がんばろうね」などと励ましても、
聞く耳をもってくれません。**

本人が「いい」と思えていないので、説得は効果がないでしょう。
それに、「また今度」などと言われても、
「今度」はイメージしにくいかもしれません。

**せっかくみんなで楽しくゲームをしていても、
台無しにされてしまうので、園では困っています。
何かいい方法がありますか？**

専門家への
相談をまとめると

どうしても
勝ち負けに
こだわる

自分が一番
でなければ、
気がすまない

負けそうになると
途中でゲームを
投げ出す
ことがある

できることは、どんなこと？

安心・解決のアドバイス

1 悔しい気持ちを受け止める

癇癪（かんしゃく）を起こしたときに、「大したことではない」と説得しても無意味です。負けることは世界が終わるくらいの一大事だからです。

まず、しょうさんが落ち着ける静かなスペースに移動します。そして、「それほど悔しかったんだね」「つらかったんだね」などと、本人の気持ちを受け止めて、代弁するのが大事です。

「勝ち」にこだわるのは、「負けること」への不安が強いから。「勝てなかったけど楽しかった」「負けても、次がある」と思える経験を積んでいけば、負けることへのこだわりは小さくなっていきます。

2 前向きになれる作戦会議を開く

「また今度、勝てばいい」と言っても、しょうさんには次がイメージしにくいようです。なので、しょうさんが落ち着いたら、「勝つためには、どうすればいいと思う？」ともちかけ、「得意な○○をやってみたら？」「一緒に練習する？」など、前向きになれる作戦を立ててみましょう。

ゲームは勝たなきゃ、
楽しくないよ。
負けるくらいなら、
死んだほうがマシ
って思う。

しょうさんの特性

負けると泣きわめき、癇癪(かんしゃく)を起こす

3 負けたとしても楽しんでいる姿を見せる

そもそもゲームは勝ち負けだけでなく、そのプロセスも楽しめるものです。「勝つ＝楽しい」「負け＝楽しくない」という極端(きょくたん)な思い込みを解くために、**周りの大人が「負けたけど、今のゲームは楽しかったよ」と言ってみせる**など、負けても楽しんでいる姿を積極的に見せましょう。

4 協力してできるゲームなどを選ぶ

「伝言ゲーム」などのチームで協力して取り組むゲームや、勝ち負けがないゲームなどを取り入れてみましょう。

今すぐには変わらないかもしれませんが、本人が**「負けたけど楽しかった」「一番じゃなかったけど良い結果を出せた」**と実感できる経験を積んでいけば、勝ち負けへのこだわりは少しずつ減っていきます。

だんだん家でも、癇癪を起こすことが減ってきたみたい。昨日は、トランプで負けても、「また今度やろうね」「次はぜったい勝つよ！」って言ってた。成長したなぁー。

おうちでのしょうさん 32ページ ←

園でのエピソード 7

いずみさんの場合

楽しいはずの行事を楽しめない

　みんなが楽しみにしている秋の遠足。今回は牧場で乳しぼり体験をすることになりました。牧場に向かうバスの中から、みんな盛り上がっていますが、いずみさんはずっと浮かない顔でいます。

　牧場に着いて自由時間。子牛を追いかけたり、牛小屋を見に行ったり、エサをあげたり、みんな思い思いに楽しみますが、いずみさんは元気がなく牛に近づこうともしません。乳しぼり体験の時間になっても、なかなか牛小屋に入ることができないので、先生が「どうしたの、おいでよ？」と誘ったのですが、いずみさんは目にいっぱい涙をためて無言のまま、その場を離れてしまいました。

園の先生の悩み

みんなが楽しそうに盛り上がっていても、いずみさんは楽しくないのかな？　どんどん元気がなくなっていくの。声をかけても、うつむくだけで、理由がわからないし、困ったな……。

どうして、こうなる？ 専門家に相談

バスや牛の匂いが苦手で初体験が怖い

どうやら、
いずみさんは、
遠足が楽しめなかったようですね。

バスの中から元気がなかったので、
「バスに酔ったの？」って聞いたら、
「ちがう」って言ったのですが……。

遠足や運動会など行事が苦手なASDの子は多いのですが、理由は人それぞれ。いずみさんの場合、**感覚の過敏が原因**のようです。匂いに敏感で、バスのような**密閉された空間が苦手**なのだと思います。

そうなんですね。
いずみさんが牛に近づけなかったのも、
匂いが原因でしょうか？

匂いも原因のひとつかもしれませんが、**感覚の過敏が強いと、どうしても初めて接するものに対して不安が強くなってしまいます。**
いずみさんは、初めて接する牛が怖かったのでしょう。

結局、乳しぼり体験には参加できなかったし、
しぼりたてのミルクを飲むこともできませんでした。
楽しいはずの行事が、いやな経験になってしまったみたい。

それは、かわいそうでしたね。
だけど、**本人も特性に気づいておらず、どうしてつらかったのかわかっていない**のかもしれません。

「二度と遠足には行きたくない」と思っていなければいいのですが……。
このようなことにならないように、
私たちはどんなことに気をつければいいですか？

専門家への
相談をまとめると

感覚の
過敏があり、
特に匂いは苦手

初めての
ことに対して
不安が強い

声を
かけられても、
どうしていいか
わからない

できることは、どんなこと？

安心・解決のアドバイス

1 苦手な感覚が何かを、突き止める

感覚の過敏がある子の場合、本人も何が苦手なのか自覚がなく、周りも把握できていないことがあります。

親御さんと連絡を取り、必ずどんな感覚が苦手なのかを確認するようにします。もし、親御さんも把握できていない場合は、園での生活を注意深く観察し、何が苦手なのかを突き止めておきましょう。

いずみさんのように、ASDの子が運動会や遠足などの行事に楽しんで参加することができていない場合、何が理由なのか、周りの大人が突き止め、安心して参加できるようにお膳立てをすることが大切です。

2 無理なく参加できる方法を考える

苦手なことがあり、行事に参加しても楽しめない場合、無理に参加させても、よい経験にはなりません。

例えば**「電車で来てもらう」「先に保護者に苦手なものを聞いておく」「別の場所で遊んでもらう」**など、まずは無理なく参加できる方法を考えましょう。対応策が見つからない場合は、休んでもらうことも選択肢のひとつです。

いずみさんの特性

自分が苦手なことを伝えることができない

3 本人が自覚できるように、理解を助ける

幼児のうちは「こんな匂いが苦手」「味がダメ」など、本人が苦手なものを自覚できておらず、どうして気分が悪くなったのかを説明できないことも少なくありません。

「遠足＝NG」と全否定にならないよう、「バスの中の匂いがいやだったんだね」「牛が怖かったんだね」と状況を理解できるように助け船を出してみましょう。

4 切り替えられるようにサポートする

できれば、いやな記憶を「楽しい経験」で上書きしておくことが大切です。匂いがしない場所に行き、「きれいだよ」と景色を眺めたり、仲のいいおともだちに付き合ってもらい一緒に遊んだり、本人が好きなものだけを食べたり、気分を切り替えて、少しでも楽しい経験になるようサポートしましょう。

乳しぼり体験には参加できなかったけど、野原で遊んで遠足は楽しかったみたい。苦手なことが多くて、不安が強い子だけど、少しでも楽しい経験を増やしていきたいな。

お母さん

おうちでのいずみさん 36ページ ←

たけしさんの場合

大きな音が苦手で、パニックを起こす

たけしさんは、大きな音が大嫌い。お散歩の途中で、救急車やパトカーがサイレンを鳴らして通ると、「うわーっ」と耳をふさいでしゃがみ込んでしまいます。犬の吠える声など苦手な音がたくさんあり、先生と手をつないで、びくびくしながら歩いています。

遠足で博物館に行ったときのこと。10時になって職員さんがシャッターを開けると、ガラガラという音に、たけしさんは悲鳴を上げて大パニック。先生がなだめても、しゃがみ込んだまま立ち上がることができません。入ろうと声をかけても、耳をふさいだまま「パンパンパンパン……」とひとりごとを言って動けない状態が続きました。

園の先生の悩み

普段はちゃんと言うことを聞いてくれるたけしさんだけど、いったんパニックを起こすと、私が声をかけても、なだめても、まったく聞いてくれないの。どうしたらいいのかな……。

どうして、こうなる？ 専門家に相談

大きな音や、ざわざわした空間が苦手

たけしさんは、
聴覚の過敏が激しいようですね。
どんな音が苦手ですか？

サイレン、クラクション、チャイムなどの大きな音で耳をふさいでいます。あと、街中や騒がしい場所では、原因不明のパニックを起こすこともあります。

聴覚過敏のある子の場合、**満員電車や人混み、体育館などノイズが多い場所は苦手**です。エアコンのモーター音やスピーカーからもれる小さな音などが聴こえている場合も考えられます。

「こわくないよ」「大丈夫だよ」などと声をかけても、
いったんパニックを起こすと、
耳をふさいでしゃがみ込んでしまいます。

本人は「大丈夫」ではなく、とてもつらい状態なので、
「大丈夫だよ」となぐさめても、
あまり意味はないでしょう。

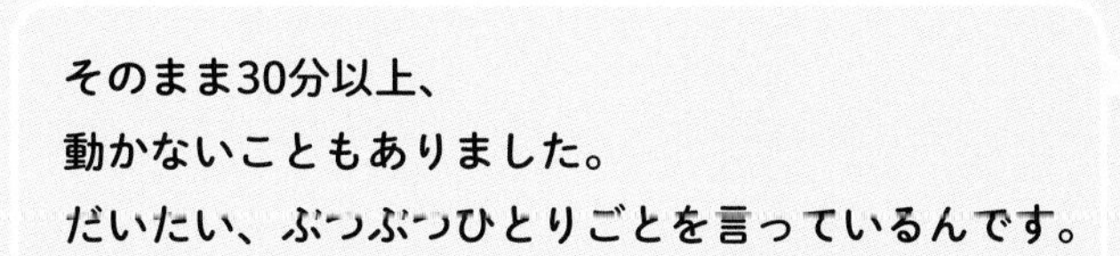

そのまま30分以上、
動かないこともありました。
だいたい、ぶつぶつひとりごとを言っているんです。

耳をふさぎ、
ひとりごとを言うことで、
外から入ってくる音を遮断しているのかもしれません。

遠足やお散歩が楽しめないのは、
かわいそうなので、
何か対応を考えたいのですが……。

専門家への
相談をまとめると

大きな音や
騒がしい
場所が苦手

耳をふさいで、
しゃがみ込む
ことがある

なかなか
立ち上がれず、
動けなくなる
ときもある

できることは、どんなこと？

安心・解決のアドバイス

1 こわかったと感じた、その気持ちを受け止める

音がつらくてパニックを起こしているときに、「大丈夫」「平気だよ」などとなぐさめるのは、適切ではありません。

ほとんどの場合、子どもは自分の聴覚の過敏を自覚しておらず、そのつらさを言葉にすることができません。**「つらいんだね」「びっくりしたんだね」**と、まずはこわかった気持ちを受け止めましょう。

聴覚にアンバランスがある子の場合、幼児期に聴覚過敏によるパニックが見られることは珍しくないです。「自分に危害を与えるものではない」「びっくりしたけど平気だった」という経験を積み重ねると、だんだん解消されます。

2 パニックの原因になる音を避ける工夫をする

聴覚過敏のある子にとっての苦痛を回避するために、例えば**お散歩では、吠える犬がいる家や、騒々しい幹線道路を避けるなどのルート変更**を検討します。

園内でも頻繁（ひんぱん）にパニックを起こしている場合は、何か不快な音があるのかもしれません。**チャイムやスピーカーのボリュームを下げる**など、できることを工夫します。

たけしさんの特性

ぶつぶつ
ひとりごとを
言うこともある

3 聴覚過敏に対する、対処方法を教える

「音がつらいときには、先生の手を握る」などの合図を決め、そのあとで「別の部屋に行く」「しばらく休む」などのルールを教えます。一般的には「また、こわい音がするのでは……」というストレスが高いと、感覚過敏も強くなるようです。「つらいときには対応してもらえる」という安心感をはぐくんでいくことが大切です。

4 耳栓やイヤーマフなど、便利なグッズを使う

保護者と相談し、耳栓やイヤーマフ、ノイズキャンセリングのヘッドフォンなど、苦手な音を遮断してくれるグッズを活用しましょう。

特に、遠足やお散歩などの外出時には、突然の騒音が避けられないので、準備しておくと便利です。

先生に教えてもらってイヤーマフを使い始めてから、パニックが減ってきました。前はパニックがこわくて休日は家の中にいてばかりだったけど、外出することが増えてきたかな。

お母さん

おうちでのたけしさん 40ページ ←

【column】

専門家からの
ワンポイントアドバイス②

親御さんもASD？

　最近、女の子のASDが注目されはじめ、カムフラージュをする（普通のふりをする）結果、見過ごされてきたケースが多いことが指摘されています。**子育てを通じ園や他の保護者との関係に悩む母親の中に、ASDの特性をもつ人が少なくないこともわかってきました。**

DCD（発達性協調運動障害）

　多くのASDの子は、体をうまくコントロールするのが苦手で、DCDを合併していることもあります。**歩き方や走り方がぎこちなかったり、ボールがうまく投げられなかったり、早い段階で運動に苦手意識をもつこともあるので、**注意してください。

不器用さへの対応

　手先が不器用で、工作がうまくできなかったり、お箸が使えなかったり、コップに飲み物を注ぐことができなかったりする場合もあります。最近では、**不器用な子でも使いやすいユニバーサルデザインが採用された便利な商品も市販されている**ので、探してみてください。

第3章

楽しい学校生活を送るために知っておきたいASDのこと

ASDの子どもたちは、
どうして自分のルールにこだわったり、
小さなことで癇癪（かんしゃく）を起こしたり、
パニックになってしまったりするのでしょうか。

そして、周りがどんなサポートをすれば、
ASDの子を応援できるのでしょうか。

ASDの特性を知っておけば、
家庭や保育園・幼稚園でできることがわかり、
就学に向けた準備ができるはずです。

ASDの特性を知る

Q＆Aで専門家が解説

ASDって、なんですか？

3歳児健診で「ASDの疑いがある」と指摘されました。
ASDって何？　どんな障害なのですか？

小さな頃から「社会性」「コミュニケーション」「こだわり」「限定された興味」などに特性が表れ、日常生活に困ったことがある場合にASD（自閉スペクトラム症）と診断されます。ASDなのかどうかを調べて診断するのは、お医者さんの仕事です。

この本に登場する子どもたちでいうと、次のような特性があります。

●昆虫・恐竜・電車など好きなことだけに熱中する（ありささん）
●自分だけのルールがあり、こだわりが強い（そうすけさん）
●いつもとちがうことをするのが、極端（きょくたん）に苦手（みすずさん）
●思っていることは空気を読まず何でも口にする（たくろうさん）
●興味があることだけを一方的に話し続ける（まりえさん）

「自閉スペクトラム症」とか「自閉症スペクトラム」とか、
「アスペルガー症候群」とか、いろいろ言われて混乱しています。

スペクトラムには「連続体」という意味があります。ASDの人はもののとらえ方や感じ方に共通する特性がありますが、その個性や障害の程度はさまざまです。

たけしさんのように会話が難しく知的障害をともなう場合もある一方で、たくろうさんやまりえさんのように聡明でおしゃべりなタイプもいます。特性とうまくつきあいながら社会生活を送っている人もたくさんいますし、歴史上の有名人にも「ASDでは？」と言われている人がいます。

どこからどこまでが障害なのか線引きすることも難しいため、スペクトラムといいます。知的障害や言葉の遅れが目立たず障害がわかりにくいタイプを、アスペルガー症候群ということもあります。

何が原因ですか？
私のしつけがよくなかったのかな……。

ASDの原因はまだ特定されていません。けれども、遺伝をはじめ多くの要因が複雑に関与していると考えられており、親の育て方、虐待、愛情不足などが原因ではありません。集団行動ができなかったり、こだわりが強かったりするため、「しつけのなっていないワガママな子」と思われがちですが、誤解です。いやな経験（トラウマ）が原因になり自分の殻に閉じこもる後天的な病気や、ひきこもりともちがいます。

ASDは発達障害のひとつだと聞きました。
うちの子は発達が遅れているのでしょうか？

「発達が遅れている」ということではなく、生まれつき特性があることで発達に凸凹（でこぼこ）がみられ、生活に困難が生じる状態を、日本では「発達障害」といっています。「発達障害者支援法」という法律では、ASDのほか、不注意や多動などを特徴とするADHD（注意欠如・多動症）、特定の学習が苦手なLD（学習障害）などが対象になっており、園や学校などで特性に合ったサポートをすることが定められています。

赤ちゃんの頃から変わった子でした。
どうして、他の子とちがうのかな？

最近の研究で、ASDの人は生まれつき情報や刺激を整理する脳のメカニズムが異なることがわかってきました。そのため、見たり聞いたりしたことを、一般の人と同じように受け止め理解するとは限らないのです。

スムーズに情報を共有することが難しいため、日常生活でさまざまな生きづらさが生まれてしまいます。

ASDには、どんな特性が見られる？

社会性やコミュニケーションについては、
どんな特性がみられますか？

一言で言えば、**社会との関わり方や他人とのつきあい方が独特なので、集団の中で浮いてしまいがち**。赤ちゃん時代はとてもおとなしく手がかからない場合もありますが、なかには癇(かん)が強く、いくらあやしても泣きやまないタイプもいます。

いずれにしても、幼児期には人と関わることに関心が乏しいことが多いです。ありささんのようにおともだちに関心を示さず、ひとり遊びを好むタイプも少なくありません。

ASDの子とコミュニケーションをとることが
難しい場合があります。人と話すことが苦手なのかな？

内気な子もいますが、「ASDの子＝会話が苦手」なわけではありません。積極的で、おしゃべりが大好きなASDの子もたくさんいます。

ただ、**相手の伝えたいことを的確につかんだり、会話のキャッチボールを上手に楽しんだりするコミュニケーションが苦手**なのです。

人がいやがることを正直に言ってしまったり、
自分の好きなことばかり一方的に話し続けたりするのは、なぜ？

無邪気に人を傷つけたり、迷惑(めいわく)な言動をとってしまったりしているような場合がありますが、**他人が迷惑していることに少し鈍感なだけで、まったく悪意はありません。**

相手が困惑していたり、迷惑そうな表情をしていたりしても、気がつかない場合もあります。

また、自分にとって関心のあることは、相手にとっても関心のあることだと思い込んでしまっているのです。

周りは困っているけど、
本人は困っていないように見えます。

例えばボキャブラリーが豊富でペラペラしゃべるタイプの子の場合、表現力も言葉を理解する能力も高いと思われがちです。けれどもASDの子どもの多くは、自分の考えていることや感じていることを的確に表現するのが得意ではありません。

わからないことがあり困っているときに、「困ってる」「教えて」といった簡単な言葉もすぐに思いつかず、助けを求められないことがあります。

会話がとんちんかんだったり、
人の話を聞いてなかったりするのはなぜ？

相手の感情をくみ取りつつ会話を進めたり、話の文脈を追いながら大切な情報をピックアップすることは、とても難しいようです。みんなが当たり前にわかっていることを理解していなくて、本当はわかっていないのにわかった気になってしまうこともあります。大切なことを伝えるときには、本当に理解できているのか確認しながら、わかるように伝えることを心がけましょう。

社会性やコミュニケーションに関する特性

・絵本や物語などのストーリーを追うことが苦手で、辞典などを好む。
・ゲームや簡単な遊びのルールをわかっていない。
・「多事多難で四面楚歌だよ」など辞典で覚えた難しい熟語やことわざを頻繁（ひんぱん）に使う。
・小さな声でひとりごとを言ったり、考えていることを声に出して言ったりする。
・「もらう／あげる」「行く／来る」など視点の違いで異なる言葉を使い分けられない。
・初対面の人に向かって、「何かの病気ですか？」など失礼な質問を投げかける。
・「お風呂を見てきて」と頼んだら、見てくるだけで、溢れていてもお湯を止めない。
・相手の顔を見ないで話し、視線が合わない。
・空気を読んだり、暗黙の了解を理解したりすることが苦手。

「こだわり」や「限定された興味」は
どんなふうに表れますか？

小さい頃から親や大人のはたらきかけにあまり関心を示さず、**自分の好きなものにしか興味をもたないのが、ASDの子の大きな特徴です。**例えば赤ちゃんの頃から、水滴や木漏れ日などをニコニコ笑って眺めたり、特定の動画の同じところを繰り返し見たり、独特の行動が見られます。

やがて、好きなものを集める、ごっこ遊びをしない、ルールやパターンを決め行動する、融通が利かないなどの特性につながっていきます。

こだわりが強くて、
頻繁にパニックを起こします。

そうすけさんのように「右端の水道しか使わない」など、行動パターンを細かく決める子もいます。特に**幼児期は自分のルールやパターンを崩されることに対して不安が強く、思い通りにいかないとパニックを起こしてしまうのです。**

でも、だんだん対処するスキルを身につけることは可能。パターンを好むタイプは反復をいとわず、長所にもなり得ます。長い目で見守りましょう。

こだわりや限定された興味に関する特性

- 電車や車のミニチュア、写真カタログなど、好きなものをコレクションする。
- 調べることが好きで、地理や歴史、生物など、さまざまな情報を集めたがる。
- 駅で電車を何時間も見続けたり、気に入ったチャイムを聞き続けたりする。
- 好きなおもちゃやぬいぐるみなどを、ひたすら並べて遊ぶ。
- 自分の行動、使うものなどにマイルールがある。
- いつも決まった道を、同じ時間に通らなければ気が済まない。
- ルールを破ったおともだちや親を、厳しく責める。
- 融通が利かず、思い通りにいかないとパニックを起こす。

突然の大きな音でパニックを起こすのも、ASDの特性だと聞きましたが……。

ASDの人は、多くの人とちがう感覚をもっていることがわかっています。過敏なことが多いのですが、逆に鈍感な場合もあります。過敏は聴覚、視覚、味覚、嗅覚など、さまざまな感覚に表れます。聴覚の過敏の場合、突然の大きな音だけでなく、騒がしい場所、甲高い音、赤ちゃんの泣き声などが苦手な人もいます。

過敏がある人にとって、体育館、電車やバス、イベント会場など人がたくさん集まる場所は大きなストレスになります。

うちの子は耳ふさぎやパニックがないのですが、感覚の過敏があるのでしょうか？

ASDの子みんなが、感覚過敏をもっているとは限りません。けれども、幼児期には自覚がない場合がほとんどなので、過敏をもっている可能性について周りの大人が知っておく必要があります。人知れずつらい思いをしていることもあるのです。

一方、鈍感なタイプの場合は、痛みや熱さの感覚が鈍く、ケガやヤケドなどに気づかないこともあるので注意が必要です。

感覚過敏に関する特性

- 強い日差しや、蛍光灯・LEDなどのライトが苦手。
- 掲示物が多いと、気が散って集中できない。
- 運動会のピストルの音で癇癪（かんしゃく）を起こす。
- 人混みや混み合ったレストランなど、ざわざわした騒音をいやがる。
- モーターの音などで、電車や車の種類を区別できる。
- 刺激が多い場所に外出すると、ぐったり疲れてしまう。
- 匂いが苦手でトイレを使えない。電車やバスなどに乗れない。

ASDの子には、どんなサポートが必要？

**ASDにはどんな治療法がありますか？
すぐに病院へ行ったほうがいいのでしょうか？**

ASDは生まれつきの特性なので、病院に行っても、薬や治療で治すことはできません。けれども、**その子に合ったサポートをすれば、特性とうまくつきあっていくことができます**。そのためには、まず子どもに関わる周りの大人が、その子の苦手なことを補いながら、いいところを伸ばしていく姿勢をもつことが大切です。

もし、病院へ行くのに抵抗があるのなら、まずは地域の発達障害者支援センターや子育て支援機関などに相談してみては、いかがでしょう？

**特性とうまくつきあっていくために、
どんなサポートがあるのですか？**

ASDの子のサポートの基本は「環境調整」です。

環境調整とは、ASDの子が過ごしやすい環境を整えること。例えば見通しが立たないと不安になる子にスケジュールを掲示しわかりやすく伝えたり、刺激に敏感な子のため余分な情報（音や掲示物など）をできるだけ少なくしたり、日常生活を楽に送るために工夫できることはたくさんあります。

そのうえで、その子の特性や成長に合わせて、必要なスキルを教えていくことを「療育」と言います。

また、合併しやすいメンタル的な問題については、児童精神科医などの専門的なサポートが必要になる場合もあります。

どこに行けば、
療育を受けることができますか？

療育は、地域の発達障害者支援センターや、児童精神科や小児科などの医療機関、放課後等デイサービスなどの通所施設で行われています。

自治体が提供する無料のサービスもあれば、有料のものもあるので、地域の親の会などに参加し、情報を集めてみましょう。

ASDの子には、
薬を飲ませたほうがいいのでしょうか？

ASDそのものを治療する薬はありません。けれども、日常生活が送れないほど「眠れない」「不安が強い」などの症状が強かったり、「暴力」「自傷」など他人や自分に危害を加えたりする行動が目立つ場合に、薬が使われることがあります。

ただ薬の作用には個人差があり、副作用のリスクもあるため、必須の治療法ではありません。特に幼児期は、副作用があっても本人が体調の変化や違和感をうまく表現できないリスクがあるため、慎重に検討する必要があります。

子どもが毎日のように激しいパニックを起こすので、
子育てに疲れてしまいます……。

日々の子育ては、とても大変。特性だとわかっていても、イライラしてしまうこともあるでしょう。「これでよかったのかな？」と不安になったり、「自分の接し方が悪いのかも……」と思ったり、悩む場面も少なくないはずです。ストレスを発散し、リフレッシュできる時間も必要ですね。

地域の発達障害者支援センターなどでは、子ども向けのプログラムだけでなく、子育てに悩む保護者が、専門家から子どもへの接し方を学ぶ「ペアレントトレーニング」「ペアレントプログラム」、先輩の保護者に子育ての悩みを聞いてもらう「ペアレントメンター」などを用意しているところもあります。問い合わせてみてください。

家庭でできること

保護者に向けた5つのヒント

1 安全で穏やかな環境をつくろう

ASDの子は騒々しい環境が苦手。刺激の少ない穏やかな環境のほうが、本来の力を発揮できます。

「音や光などの刺激を少なくする（カーテンを引く、テレビをつけっぱなしにしない）」「部屋を片づける」「静かに過ごせるスペース（子ども部屋・トイレ・押し入れ）を確保する」など、自分の家が本人にとって「安全な基地」になるよう、できるだけリラックスできる穏やかな環境づくりを心がけましょう。

2 感じ方・とらえ方を否定せず、解決法を提案する

ASDの子に困った行動が見られたとき、一方的に「間違っている」と決めつけたり、「おかしい」と否定したりするのはやめましょう。価値観や視点・感覚などがちがうため、ほとんどの場合は、いくら諭しても伝わらず、解決には至りません。

それだけではなく、否定的な言動に対して敏感で、そうした記憶を長く覚えている子も多く、「あのとき、わかってもらえなかった」というわだかまりが残ることもあります。

困ったことに直面したら、感情的に叱るのではなく、どうすれば解決できるのか冷静に考え、うまくいく方法を伝えることが重要です。できるだけ穏やかに、「こうしてみたら？」と建設的な方法を提案してみましょう。

3 こだわりは、楽しく生かしていこう

コレクションや同じ動画を何度も見るなど、独特な興味・関心事は、本人にとっては大切な宝物であり、エネルギー源。「つまらない」「役に立たない」と、無理にやめさせようとはしないほうがいいでしょう。

電車に関心があるなら、駅名から漢字を覚えたり、路線図から地図を勉強してみたり、有意義に生かしていくことも可能です。

4 みんなと同じを求めず、本人のペースを大切にしよう

幼児期には「困った行動」が目立つかもしれませんが、成長とともに改善していきます。「みんなと同じように」と矯正しようとすると、自信をなくしたり、周りに合わせようとしすぎて疲れたり、自分を見失ってしまったりするので注意してください。

特性をうまく生かしながら成長していくためには、「ゆっくり待つ」という姿勢をもつことも大切です。

5 ストレスをためないよう、子育てのサポーターを増やそう

「これでいいのかな？」と抱え込んでしまわないように、発達障害者支援センターや子育て支援センター、親の会など、相談できる場所とつながっておきましょう。

たまには１人で出かけたり、ストレスを発散しリフレッシュする機会をつくるのも忘れずに。家族や親戚はもちろん、園、ママ友、近所の人などサポーターを増やし、子育てを手伝ってもらいましょう。

保育園・幼稚園でできること

園の先生に向けた５つのヒント

1 園でも、ASDの子が安心できる環境を整えよう

ASDの子が集団の中で穏やかに過ごすために、安心できる環境を整えていきます。

- **感覚の過敏がある子のために、スピーカーのボリュームを下げる、電気はこまめに消すなどし、音や光の刺激はできるだけ少なくする**
- **気が散りやすい子、他人と遊ぶのが苦手な子のため、パーテーションで場所を区切る**
- **ストレスがたまったとき、パニックになったときのため、カームダウンスペース（気持ちを落ち着かせる場所）を用意しておく**

子どもの行動を観察し、１人ひとりの特性に合った環境を整えましょう。

2 指示はシンプルにわかりやすく、予定は明確に伝えよう

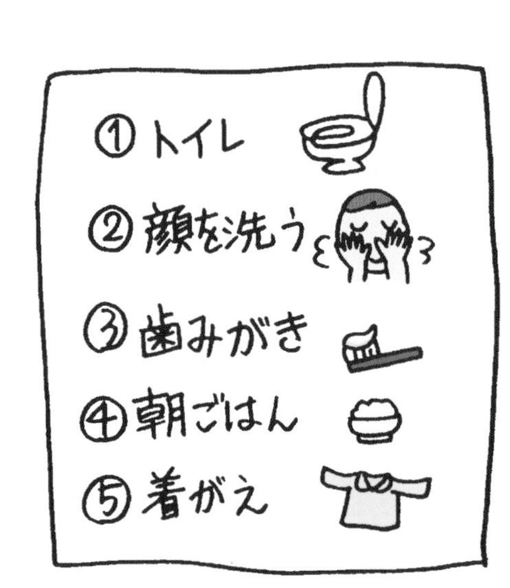

ASDの子はそのままの状態だと、みんながわかっている暗黙の了解や簡単なルールなどを、ひとりだけわかっていないということになりがちです。**知っておいてほしいことは、確実に伝わっているかどうか、ことあるごとに確認**しましょう。

また、予測できないことや予定の変更を苦痛に感じる子も多いので、**スケジュールは前もって予告しておく**ことを心がけます。

何かを伝えたり指示したりするときは、「シンプルに」「わかりやすく」が原則。**言葉だけでなく、絵や写真で示すとより効果的**です。

3 孤立を防ぎ、いじめから守ろう

不思議な行動が原因で、おともだちから仲間はずれにされたり、からかいやいじめの対象になってしまったりすることがあります。

ひとり遊びが好きな子を無理に集団の輪の中に入れることはありませんが、つらい思いをしていないか、周りの大人が、常に気を配っておく必要があります。

4 ポジティブな情報を伝え、保護者と協力体制をつくろう

集団生活の中でASDの子の行動は誤解されやすく、園は「親のしつけが……」と保護者を責めてしまいがち。一方、家ではマイペースに過ごせていることもあるため、保護者も「園の対応が悪い」と不信感をもっている場合があります。できるだけこまめに連絡を取り合い、信頼関係をはぐくみましょう。

保護者は、子どものネガティブな情報にばかり注目してしまうことがあります。連絡帳で「○○ができるようになった」「少し参加できた」など、ポジティブな情報を伝えることも信頼関係をつくるポイントです。

5 困ったら、専門家の力を借りよう

頻繁（ひんぱん）にパニックを起こす子や、集団行動から逸脱する子がいると、園のスタッフも疲弊（ひへい）してしまいます。自分たちだけでは難しい場合は、専門家の力を借りましょう。心理職や作業療法士など、専門家の巡回相談などを実施している地域もあります。発達障害者支援センターや児童家庭支援センターなどと連携体制をつくっておくことが大切です。

就学に向けて

専門家から保護者へのアドバイス

うちの子は６歳になっても、いまだに集団生活が苦手。
小学校になじめるのかな。

幼児期には不安が強かったり、パニックを起こしやすかったり、なかなか集団生活になじめなかったASDの子も、**小学校に上がる頃には、少しずつ落ち着いてくる**ことが多いです。

自由な遊びの時間が多い保育園や幼稚園に比べて、小学校は予定がはっきり決まっていて過ごしやすい側面もあるのかもしれません。

小学校では、どんなサポートが受けられますか？
これから先が、とても心配です。

全国の小学校で、**発達障害の子ども１人ひとりの教育的なニーズを把握してサポートする特別支援教育**が行われています。

また、地域差はありますが、園から小学校に「どんな支援が必要なのか」を引き継ぐ就学支援シートが導入されていたり、入学予定先の特別支援教育コーディネーターなどが園を訪問したり、安心して入学できるよう事前に情報を共有する仕組みもスタートしています。

就学時健康診断で就学相談を勧められました。
通常の学級は難しいということでしょうか？

子ども１人ひとりの教育的ニーズに応じた就学先を決めるために、就学相談が行われています。自治体によってシステムは違いますが、ほとんどの場合は保護者の申し込みにより検査などを行い、結果に基づいて就学先を判定します。

感覚の過敏が強い、集団行動が苦手などの理由で、通常学級以外の学びの場を選ぶほうがいい場合もあります。就学相談でアドバイスを聞くことは無駄ではないと思います。結果を参考にしながら、就学先を考えてください。

通常学級以外には、
どんな学びの場があるのですか？

ニーズに応じて支援を受けられる、通常の学級に在籍しつつ特性に合ったサポートを受けられる場が用意されています。

通級による指導

通常の学級に在籍しながら、専門性の高い別の場所（校外の場合もある）に定期的に通う。

特別支援教室

通常の学級に在籍しながら、校内の別の教室で専門性の高い学習指導や必要な支援を受ける。

特別支援学級

障害の比較的軽い子どものため、小・中学校に障害種別ごとに置かれる少人数（８人が上限）の学級。

特別支援学校

障害のある子どもの教育に特化した学校。

小学校入学に備えて、
特に気をつけなければならないことがありますか？

感覚の過敏があったり、苦手なことがあったりする場合は、事前に学校と連絡を取り合い、できるだけ安心して入学できるよう準備しましょう。また、不安が強い子の場合は、事前に教室や体育館を見学しておくのがおすすめ。入学式でザワザワした体育館に驚き、翌日から学校に行けなくなってしまった子もいました。

何よりも大切なのは、子どもが入学を楽しみにし、意欲をもって学校に通えること。「大丈夫かな」と不安になる気持ちはわかりますが、お子さんに不安が伝染してしまうので、周りの大人は心配しすぎないよう気をつけてください。「大好きな地図の勉強ができるんだよ」「図書室があるよ」「理科の実験があるんだって」など、入学が楽しみになるような、前向きな情報を伝えられるといいですね。

「そんなことでは学校に行けないよ」「小学校で苦労する」などの言葉は、もちろん禁句。「うまくいかないんじゃないか……」という呪いをかけてしまいます。とにかく、「備えあれば、憂いなし！」心配なことがあれば、園の先生や入学先の学校に相談し、不安を解決しておきましょう。

家庭と保育園・幼稚園に向けた、参考になる本のリスト

アスペルガー症候群を知っていますか？
内山登紀夫 監修・著（東京都自閉症協会）

発達と障害を考える本①
ふしぎだね!? 自閉症のおともだち
内山登紀夫 監修／諏訪利明・安倍陽子 編（ミネルヴァ書房）

新しい発達と障害を考える本②
もっと知りたい！ アスペルガー症候群のおともだち
内山登紀夫 監修／伊藤久美 編（ミネルヴァ書房）

新しい発達と障害を考える本⑥
なにがちがうの？ アスペルガー症候群の子の見え方・感じ方
内山登紀夫 監修／尾崎ミオ 編（ミネルヴァ書房）

特別支援教育をすすめる本①
こんなとき、どうする? 発達障害のある子への支援［幼稚園・保育園］
内山登紀夫 監修／諏訪利明・安倍陽子 編（ミネルヴァ書房）

「発達障害」だけで子どもを見ないで●その子の「不可解」を理解する
田中康雄 著（SBクリエイティブ）

発達障害とその子「らしさ」●児童精神科医が出会った子どもたち
田中哲 著（いのちのことば社）

発達障害の再考
田中康雄・井桁容子ほか 著（風鳴舎）

ニューロダイバーシティと発達障害●『天才はなぜ生まれるか』再考
正高信男 著（北大路書房）

発達障害当事者研究●ゆっくりていねいにつながりたい
綾屋紗月・熊谷晋一郎 著（医学書院）

〈自閉症学〉のすすめ●オーティズム・スタディーズの時代
野尻英一・高瀬堅吉・松本卓也 編著（ミネルヴァ書房）

自閉症という知性
池上英子 著（NHK出版）

自閉症の脳を読み解く●どのように考え、感じているのか
テンプル・グランディン リチャード・パネク 著（NHK出版）

みんなとはちがった人たち●自閉症の英雄のこと
ジェニファー・エルダー 著（スペクトラム出版社）

おわりに

鉱物や貝殻などの収集癖があり、毎日同じ日課で生活していたダーウィン。
人間関係が苦手で、長らく隠遁生活を続けたアインシュタイン。
設計図を描かずに作品を生み出した、孤高の建築家ガウディ。
豊かな想像力をもちながらも、対人関係が苦手だったアンデルセン。
ASDの特性をもっていたと思われる天才たちは、さまざまな分野でその「こだわり」を武器にした、偉大な功績を残しています。
彼らの軌跡をたどったとき、「生きづらかっただろうな」「苦労したのかな」と想像できる、ユニークなエピソードがたくさん出てきます。

人とちがう自分を貫き、オリジナルな人生を生きるのは、決して簡単なことではありません。たとえ天才でなくても、偉人になれなかったとしても、ASDの子どもたちが人生をサバイバルしていくためには、子ども時代にエネルギーをたっぷりためておく必要があります。

好きなことや夢中になれることに思いっきり没頭したり、空想の世界で自由自在にイメージをふくらませたり、そんな誰にも邪魔されないかけがえのない時間が、自分のペースで生きていくためのエネルギーになります。

ASDの子どもたちに「普通になれという呪い」をかけるのは、やめましょう。生まれつきの特性を無理に変えようとしても、「みんなと同じようにできない」という悲しい思いをさせてしまうだけです。

周りの大人は、ASDの子どもたちの独特の感性を、一緒に楽しんでみてください。自分の好きなことを他人と分かち合い、認められる経験こそが、「社会にコミットしたい」という前向きな意欲をはぐくんでいきます。

唯一無二のユニークな個性を慈しみ、
その成長を応援していきましょう！

監修者紹介

内山登紀夫（うちやま　ときお）

精神科医師。専門は児童精神医学。順天堂大学精神科、東京都立梅ヶ丘病院、大妻女子大学人間関係学部教授、福島大学大学院人間発達文化研究科学校臨床心理専攻教授を経て、2016年4月より大正大学心理社会学部臨床心理学科教授。2013年4月より福島県立医科大学会津医療センター特任教授併任。よこはま発達クリニック院長、よこはま発達相談室代表理事。1994年、朝日新聞厚生文化事業団の奨学金を得て米国ノース・カロライナ大学TEACCH部シャーロットTEACCHセンターにて研修。1997～98年、国際ロータリークラブ田中徳兵衛冠名奨学金を得てThe center for social and communication disorders（現The NAS Lorna Wing Centre for Autism）に留学。Wing and Gouldのもとでアスペルガー症候群の診断・評価の研修を受ける。

デザイン　大野ユウジ（co2design）
イラスト　藤井昌子
DTP　レオプロダクト
編集協力　尾崎ミオ（TIGRE）
企画編集　SIXEEDS

発達障害お悩み解決ブック①
家庭と保育園・幼稚園で知っておきたい
ASD 自閉スペクトラム症

2020年8月10日　初版第1刷発行　〈検印省略〉
定価はカバーに表示しています

監修者　内山登紀夫
発行者　杉田啓三
印刷者　森元勝夫

発行所　株式会社　ミネルヴァ書房
607-8494 京都市山科区日ノ岡堤谷町1
電話 075-581-5191／振替 01020-0-8076

モリモト印刷

ISBN978-4-623-08890-4

Printed in Japan